HISTOIRE

DE LA

RÉVOLUTION

EN AUVERGNE

PAR

M. JEAN-BAPTISTE SERRES

TOME Ier

LES PRÉLIMINAIRES DE LA RÉVOLUTION

SAINT-AMAND (Cher)
IMPRIMERIE SAINT-JOSEPH
Rue du Pont-du-Cher.

PARIS
VIC ET AMAT, LIBR.-ÉDITEURS
11, Rue Cassette.

1895

DU MÊME AUTEUR

Vie du Père Murat.	1 fr.
Histoire de Notre-Dame des Miracles de Mauriac	1 fr. 25
Vie de Mgr Lavialle, évêque de Louisville	1 fr. 25
Mgr Chabrat, évêque en Amérique . .	0 fr. 75
Mgr Baldus, vicaire apostolique du Kiang-Si	1 fr. 25
Mgr d'Auzers, évêque de Nevers . . .	2 fr. 50
Histoire du monastère de Notre-Dame de Saint-Flour	0 fr. 75
Histoire du monastère de Notre-Dame d'Aurillac	0 fr. 75
Catinon-Menette	1 fr. 50

En vente chez M. KOSSMANN, libraire à Mauriac (Cantal).

HISTOIRE DE LA RÉVOLUTION

EN AUVERGNE

HISTOIRE

DE LA

RÉVOLUTION

EN AUVERGNE

PAR

M. JEAN-BAPTISTE SERRES

TOME Ier

LES PRÉLIMINAIRES DE LA RÉVOLUTION

SAINT-AMAND (Cher)
IMPRIMERIE SAINT-JOSEPH
Rue du Pont-du-Cher.

PARIS
VIC ET AMAT, LIBR.-ÉDITEURS
11, Rue Cassette.

1895

PRÉFACE

La Révolution, c'est la destruction ; du moins, elle tend à la destruction des institutions sociales et religieuses, religieuses surtout. Elle veut bannir du monde, éliminer de la société humaine la Religion et l'Eglise, la révélation et l'ordre surnaturel pour y fonder le règne de la nature et de la pure raison. Elle ne réforme pas, elle détruit.

Elle fait l'inverse de ce que fait l'Eglise. L'Eglise, voilà la grande réformatrice. Elle est, en effet, sans cesse occupée à relever les ruines que fait le péché, à redresser les abus, à perfectionner les institutions, à restaurer et rajeunir ce que les siècles, les événements ont vieilli, déformé, comme frappé de mort, à faire enfin progresser dans le bien les sociétés et les âmes.

Avec ses doctrines purement négatives et ses passions toujours violentes, la révolutions sème partout les ruines ; elle est radicale. C'est le génie du mal qui s'acharne à tout ce qui est divin, qui vit de bouleversements et de mort, qui va jusqu'à dévorer ses propres enfants. On ne pourra pas me contester ce fait en présence des scènes barbares dont on va lire le récit.

D'une part, l'Eglise étant la grande réformatrice et, par conséquent, essentiellement conservatrice, d'autre part la Révolution étant la destruction, il s'ensuit qu'il y a entre l'une et l'autre antagonisme absolu, antithèse parfaite. Ce sont deux adversaires irréconciliables, forcément opposés, en lutte depuis six mille ans. C'est le jour et la nuit, le bien et le mal.

L'une, l'Eglise, c'est l'armée de Dieu ; l'autre, la Révolution, c'est l'armée de Satan. La plus grande bataille peut-être qu'elles se soient livrées sur le globe, dans la suite des siècles, c'est celle qui ensanglanta le sol de la France à la fin du dix-huitième siècle, celle qu'on nomma de son nom propre : la *Révolution*. Elle dura dix ans.

C'est l'histoire de cette bataille que je veux raconter, non l'histoire de cette bataille sur toute la ligne, mais sur un point déterminé, sur le sol de l'Auvergne.

Les principaux bataillons de l'armée satanique étaient les Philosophes, les Jansénistes, les Francs-Maçons.

Artistes en impiété, écrivains en prose et en vers, initiés plus ou moins à toutes les sciences, les Philosophes mirent à la destruction de l'Eglise tous leurs efforts, tous leurs talents, toutes leurs passions, vilipendant avec une infernale ardeur la religion, le clergé, la vie monastique, toutes les institutions divines, dans d'ignobles pamphlets aussi bien que dans de gros volumes. Ils tournaient contre l'Eglise, dans cette guerre impie, les lettres, les arts, les sciences.

Inspirés par l'Esprit de mensonge, réunis autour de Voltaire leur chef, ils criaient comme lui : *Ecrasons l'infâme !* C'était leur mot de ralliement.

A leurs côtés étaient les Jansénistes : moins hardis, conservant des apparences religieuses, ils portaient leurs coups dans l'ombre et ruinaient sourdement la vie chrétienne dans les âmes.

Les Francs-Maçons, société secrète reposant sur des initiations mystérieuses, ayant pour but la destruction du trône et de l'autel, étaient là aussi, ardents à la besogne, grouillant dans les marais fangeux, aiguisant leurs poignards, préparant leurs poisons, se livrant sous terre à toutes sortes de trames infernales.

A tous ces hommes enrégimentés sous l'étendard de *la bête*, ajoutez les Protestants, les juifs, la cohue des libertins, des mécontents, des ignorants, des besoigneux qui pullulaient dans les bas-fonds de la société et qui, embrigadés en bloc, vinrent grossir les rangs de l'armée ennemie ; ajoutez les apostats, les traîtres qui, désertant la bannière du Christ, se rangèrent sous l'étendard de Satan, et vous aurez l'armée la plus formidable, la plus scélérate, la plus carnassière qu'on ait jamais vue. On ne peut se faire une idée de la laideur de ces hommes, de la bassesse de ces âmes, de la férocité de ces êtres, d'où le crime sortait comme sort la lave d'un volcan.

« Il est impossible, dit quelque part « Alexandre Dumas, d'être plus mal famé « que la République Française. (Lisez la « Révolution.) Il n'est pas de mauvais lieu, « de marais fétide, de ruisseau de fange et « de boue où elle ne se soit vautrée et pros- « tituée. Ses pères, ses parrains, ses amants, « ses enfants sont pour la plupart des fous, « des imbéciles, des grotesques, des voleurs « et des assassins. Le plus honnête est « Robespierre, le plus pur est Saint-Just, le « plus convaincu est Marat. »

Cette armée de furieux saccagea et souilla la France, l'Auvergne ; elle fusilla, noya, guillotina des millions de citoyens, nobles, prêtres, femmes, enfants, vieillards, riches, pauvres, avec une fureur d'hyène et une ténacité de bouledogue. Ce fut une guerre d'extermination. L'armée chrétienne, vaincue sur toute la ligne, parut anéantie, et pourtant ce fut elle qui triompha : nous le verrons.

On me dira : En racontant les tristes exploits des révolutionnaires d'Auvergne, en évoquant de si honteux souvenirs, vous déshonorez le pays. — Non, je ne déshonore pas le pays. Les scélérats ne sont pas de tel ou tel pays ; ils n'ont pas de patrie ; ils sont sans foyer, sans principes, sans croyance, sans empreinte locale, sans tradition ni généalogie. Ils sont dans le pays comme sont dans un champ fertile les plantes vénéneuses, comme les loups dans une bergerie. Ont-ils une patrie, ces hommes qui, sortis du fond ténébreux des loges maçonniques, bouleversent le pays, pillent leurs voisins, égorgent leurs frères et, vendus à qui les paie, demandent aujourd'hui la tête des rois et demain demanderont l'expulsion même de Dieu ! Ils sont antipatriotes, tueurs de la patrie : ce sont des ennemis, des étrangers. Non, je ne déshonore pas le pays. Je fais l'histoire des bandits qui le dévastèrent.

Vous froisserez quelques familles ! — Assurément je ne veux froisser personne. Si quelques familles trouvent dans cette histoire le nom de leurs aïeux parmi les scélérats dont je dis les méfaits, ce n'est pas ma faute. Je n'écris pas pour le plaisir d'écrire. J'écris parce que tout chrétien est soldat et que la plume est une épée. Je ne fais que me défendre, je suis catholique et le révolutionnaire est mon ennemi mortel.

D'ailleurs, l'histoire a ses droits et ses devoirs. Les rois pardonnent, la politique pardonne, les hommes pardonnent, Dieu pardonne, mais l'histoire ne pardonne pas. Elle est comme la justice : inexorable. Si elle pardonnait, c'est-à-dire, si elle taisait les crimes des méchants, elle ne serait plus l'histoire. C'est parce qu'elle condamne ce qui est condamnable et qu'elle nomme les méchants de leur propre nom qu'elle est utile, qu'elle est un enseignement.

Il est donc nécessaire de dire au public le nom des scélérats, des ennemis des hommes et de Dieu, de mettre à découvert leur sinistre figure. Cela engage tout le monde à se tenir en garde. L'idée de leur future malédiction tient en respect les âmes mal nées, et c'est là une sauvegarde de l'honneur des familles. « Le principal but de l'histoire, dit Tacite,

« est de contenir le vice par la crainte de
« l'infamie et de la postérité. »

Il serait étonnant, certes, que des hommes qui ont jugé, condamné, exécuté, massacré des milliers de leurs frères, ne pussent pas être jugés eux aussi, condamnés et exécutés au pilori de l'histoire ? Il faut aux méchants un châtiment, quelque tardif qu'il soit; il faut qu'ils sachent que, s'ils font le mal, ils en porteront la peine, eux et leurs familles jusqu'à la quatrième et cinquième génération.

Et puis conçoit-on l'histoire sans noms propres ? L'histoire est une procession d'hommes et de siècles qui passe devant les yeux du lecteur. Or, quel intérêt aurait une procession de personnages masqués et sans noms ? Y aurait-il rien de plus laid et de plus faux ?

Au reste, les noms des bourreaux révolutionnaires de notre pays, je ne suis pas le premier à les écrire, on les trouve écrits partout, dans les registres des communes, dans les délibérations des municipalités, dans les procès-verbaux des assemblées administratives, dans les brochures et les journaux de la Révolution. Je ne fais que copier ; la vie de ces hommes est donc publique, elle appartient donc à l'histoire. Par conséquent, qu'on ne trouve pas mauvais que je redise ici les sinistres exploits des scélérats d'Auvergne.

En même temps que je raconterai les méfaits des soldats de Satan, je dirai l'histoire des défenseurs de la bonne cause ; elle est fortifiante et lumineuse. Il y a eu dans l'armée du Christ des dévouements sans pareils, des énergies saintes, une fierté, une constance, un héroïsme qui honorent l'Auvergne et la France catholique. Il y a eu des hommes qui, dans le combat contre les ennemis de Dieu, se sont portés aux dernières limites du courage et de la vertu, et si leurs adversaires ont été vainqueurs un moment, leur vaillance chrétienne a fini par triompher sur le champ ensanglanté de la terrible lutte. Je dirai donc simultanément la vie des grands pervers et des grandes âmes, des maudits et des saints. La sereine impartialité de l'histoire l'exige ; alors la Révolution apparaîtra exactement comme elle fut.

Qu'on me permette encore une réflexion : La science historique a ses lois ; or une de ces lois est de n'accorder sa confiance qu'aux documents authentiques ; je puise donc aux documents authentiques ; je ne fais guère que les transcrire par ordre et avec ensemble, peu soucieux de l'accusation future de n'être qu'un compilateur. Quand on dénonce à la postérité les fautes et les crimes de toute une légion d'hommes, il faut des preuves ; j'en apporte. Encore une fois, je ne fais que copier les documents primitifs et ces documents sont d'autant plus authentiques et précieux qu'ils viennent presque tous de la main des révolutionnaires. C'est donc en quelque sorte l'histoire des révolutionnaires écrite par eux-mêmes que je présente au public.

D'ailleurs, il y a de telles énormités à raconter, qu'on ne me croirait pas sur parole ; je laisse donc parler les témoins et ne suis qu'un écho de leurs dépositions. Voici les principales sources où j'ai puisé :

— Les *archives* des communes et des départements du Puy-de-Dôme et du Cantal.

— Les *procès-verbaux* des assemblées administratives de la période révolutionnaire ; j'en ai un grand nombre imprimés en gros volumes.

— La *collection de M. de Tournemire*. Charles Vacher de Tournemire, né en 1755, mort en 1840, fut mêlé à tous les événements de la Révolution dans le Cantal, siégea au Conseil des anciens, fut membre du Corps législatif, plus tard Président du tribunal de Mauriac, député et chevalier de la Légion d'honneur. Pendant la tourmente révolutionnaire, il recueillait tous les documents qui paraissaient : brochures, adresses, circulaires, proclamations, journaux, rapports administratifs, arrêtés des administrations, bulletins des lois, etc... Tous ces documents imprimés ou manuscrits ont été mis à ma disposition par M. Etienne de Tournemire, son fils, mort il y a quelques années.

— *Les Tribunaux criminels* en Auvergne, par M. Marcellin Boudet, de la Cour de Riom. C'est un recueil de notices sur les diverses victimes de la Révolution dans le Puy-de-Dôme et le Cantal.

— *Les Conventionnels d'Auvergne*, par le même. Trop courte histoire des députés d'Auvergne à la Convention. M. Boudet puise aux sources les plus sûres, aux archives, aux greffes. Il écrit l'histoire froidement, trop froidement ; il se contente de compter les coups de hache de la Révolution.

— *L'Auvergne en 1789*, cahiers, pièces et documents publiés par Daniel, conseiller honoraire à la Cour de Riom. 1 vol.

— *Les Coutumes d'Auvergne*, par Chabrol conseiller d'Etat à la Sénéchaussée de Riom, mort en 1792. 5 gros vol.

— *Histoire des Institutions de l'Auvergne*, par H. Rivière, conseiller à la Cour de Riom. 2 vol.

— *Le Nobiliaire d'Auvergne*, par Bouillet, membre de l'Institut. 7 vol.

— *Histoire des communautés des arts et métiers de l'Auvergne*, par Bouillet. 1 vol.

— *Voyage en Auvergne*, par Legrand d'Aussy. Legrand d'Aussy n'était pas Auvergnat, mais il avait un frère qui habitait l'Auvergne. Il vint le voir une première fois en 1787, une seconde fois en 1788. Pendant un séjour de cinq mois chaque année, Legrand d'Aussy parcourut l'Auvergne en tout sens, l'étudia sous le rapport historique, minéralogique, physiologique et fit imprimer à Paris, en 1794, en pleine Révolution, les notes recueillies dans ses voyages. L'ouvrage sous forme de lettres à un ami est en trois volumes :

— *Les Mémoires de Malouet.* 2 vol.

— *Les Mémoires de Montlosier.* 2 vol.

— *Les Mémoires de Lafayette.* 6 vol.

Ces trois écrivains appartiennent à l'Auvergne. Ils vivaient pendant la Révolution et ils prirent une large part aux événements dont ils font le récit. Ces mémoires sont donc des documents de première main.

— *Le Tribunal révolutionnaire de Paris, avec le Journal de ses actes,* édité par Wallon, membre de l'Institut, histoire sanglante de l'assassinat légal de plusieurs milliers de citoyens, parmi lesquels plusieurs Auvergnats. 6 vol.

— *Correspondance de Couthon,* député du Puy-de-Dôme à la Convention. 1 vol.

— *Le Moniteur Universel*, journal imprimé à Paris pendant la Révolution, de 1789 à 1799. 36 volumes in-8.

— *Le Puy-de-Dôme en 1793*, recueil de pièces concernant la Révolution pendant l'année 1793, par Francisque Mège. 1 vol.

— *La Révolution du Cantal*, brochure imprimée par ordre du représentant Musset en 1795. C'est l'histoire du *coquinisme* dans le Cantal. Les brigandages, les vols, les assassinats des révolutionnaires y sont dévoilés avec une audace terrifiante.

Une foule d'autres documents ont été mis à profit : il serait trop long d'en faire ici la nomenclature. Je les indique dans le cours du récit.

Et maintenant qu'il me soit permis d'ajouter que malgré mes efforts et mes recherches, tous les documents touchant l'histoire de la Révolution en Auvergne n'ont pas été découverts et mis à profit, beaucoup sans doute sont demeurés pour moi inconnus, ensevelis dans les archives publiques ou particulières. Je ne prétends donc pas que mon histoire soit complète. Je laisse à

quelque compatriote plus heureux le soin
de la complèter par de nouvelles recherches.
Je serais pourtant reconnaissant à ceux qui,
ayant découvert de nouveaux documents,
voudraient bien me les communiquer; j'en
ferais mon profit qui serait aussi le leur et
celui de la postérité.

HISTOIRE
DE LA RÉVOLUTION
EN AUVERGNE

CHAPITRE Ier

ÉTAT DE L'AUVERGNE AVANT LA RÉVOLUTION. — SES VILLES. — SA POPULATION. — LES TROIS ORDRES : CLERGÉ, NOBLESSE, TIERS-ÉTAT.

Avant la Révolution de 1789, l'Auvergne, bornée au nord par le Bourbonnais, à l'ouest par la Marche et le Limousin, au sud par le Quercy et le Rouergue, à l'est par le Gévaudan, le Velay et le Forez, formait une province dont les villes principales étaient : Clermont, Riom, Thiers, Issoire, Ambert, Gannat, Cusset, Brioude, Langeac, Saint-Flour, Murat, Aurillac, Mauriac. La partie septentrionale, celle qui forme aujourd'hui le département du Puy-de-Dôme, portait le nom de Basse-Auvergne; la partie méridionale, la plus montagneuse, celle qui forme maintenant le département du Cantal, était appelée Haute-Auvergne ou haut-pays d'Auvergne. Clermont était la capitale de la Province; mais elle avait une rivale dans Riom, qui, étant le siège de la principale sénéchaussée, prétendait à la suprématie.

« L'esprit de rivalité qui divise les hommes et même les cités, dit Legrand d'Aussy, a rendu Clermont et Riom jaloux l'un de l'autre, et leur inimitié est d'autant plus grande qu'étant très voisins, les causes de dissensions et d'animosité y sont plus fréquentes; fallait-il se disputer auprès du ministère quelque prérogative, s'enlever quelque établissement projeté, la rivalité alors redoublait d'activité. Tout était en effervescence dans les deux villes : intrigues, cabales, députations secrètes, mémoires sans fin, tout ce qu'elles connaissaient d'armes était employé. Dans mes deux voyages, j'ai vu ces rixes de haine d'abord pour l'établissement de l'Assemblée Provinciale, puis pour le lieu où devaient être convoqués les députés à choisir pour les Etats-Généraux (1). »

La même rivalité existait entre Saint-Flour et Aurillac, Mauriac et Salers ; nous aurons occasion plus tard de constater cet antagonisme des principales villes d'Auvergne.

Dans ces villes, il n'y avait pas autrefois la beauté,

(1) *Voyage en Auvergne*, t. I, p. 224.

l'agrément, le luxe qu'on y voit aujourd'hui. « Des trente-deux villes qu'on compte en Auvergne, dit Legrand d'Aussy, pas une seule n'est assez agréable pour être indiquée à un étranger comme but de voyage, d'amusement ou d'instruction. A l'exception de Riom, qui est assez bien percé, toutes sont laides ; à l'exception d'Aurillac, qui est lavé par les eaux courantes, toutes sont boueuses et d'une saleté dégoûtante. Partout ce sont des fumiers, des vidanges de boucherie, des monceaux d'ordures qui blessent à la fois l'œil et l'odorat. Je défie que dans la France entière il y ait un pays où la police municipale soit plus mal faite. Ailleurs les municipalités sont jalouses de se donner des promenades publiques, des remparts agréables, des cours plantés, enfin de ces belles décorations d'arbres qui, en contribuant à la salubrité de la ville, en font à la fois l'ornement ; en Auvergne, rien de semblable, ou si quelques villes telles que : Ambert, Riom, Saint-Flour, Aurillac, ont des promenades, ces promenades sont toutes récentes et datent d'un petit nombre d'années (1). »

« Quoique la position de Clermont, ajoute Legrand-d'Aussy, donne à ses rues une pente assez considérable, cependant, par défaut de police, elles sont presque continuellement si boueuses que pendant les

(1) *Voyage en Auvergne*, t. III, p. 266.

deux tiers de l'année, tous les habitants, jusqu'aux gens que jadis on plaçait dans la première classe, portent des sabots par dessous leurs souliers. Dans les quartiers moins fréquentés, ce sont des amas de fumier... les rues sont étroites et tortueuses; un pavé détestable, une ville antique mal bâtie et plus mal tenue... Mais dans ces maisons noires on trouve une excellente société, de la cordialité, de la gaîté et surtout cette envie de plaire sans laquelle on n'est jamais agréable (1). »

« L'intérieur de la ville de Clermont, dit à son tour Chabrol, n'est pas agréable, ses rues sont étroites, mais elle est abondamment dédommagée par des dehors riants et fertiles, par ces points de vue intéressants et pittoresques, la fécondité et la beauté de son territoire (2). »

Le nombre des habitants de la province d'Auvergne en 1789 s'élevait à sept cent mille environ. Comme dans le reste de la France, cette population était divisée en trois catégories ou ordres : le clergé, la noblesse et le Tiers-État.

Le clergé avait la prééminence, parce qu'il représentait la puissance morale et religieuse, laquelle prime la puissance matérielle. C'était lui qui avait

---

(1) *Voyage en Auvergne*, t. I, page 137, 110, 111.
(2) *Coutumes d'Auvergne*, t. IV, page 194.

conservé, développé les sciences et les arts, qui avait créé au milieu des barbares toujours en mouvement, une société stable et vivante, qui avait fait l'éducation de la France, et l'avait élevée à cette hauteur d'intelligence qui la mettait au premier rang parmi les nations civilisées. Naturellement donc le clergé occupait la première place, et « si depuis longtemps, dit M. Taine, il avait cette place, c'est que pendant longtemps il l'avait méritée (1). »

Avant la Révolution, le clergé n'était point, comme aujourd'hui, rétribué par l'Etat, il vivait des revenus de ses biens, amassés dans le courant des siècles.

La Province formait deux diocèses : celui de Clermont et celui de Saint-Flour, tous les deux suffragants de l'Archevêché de Bourges.

Ils n'avaient pas tout à fait la circonscription qu'ils ont aujourd'hui. Ainsi la partie de la Haute-Auvergne qui forme actuellement l'arrondissement de Mauriac et quelques paroisses de l'arrondissement de Murat, appartenait au diocèse de Clermont. L'arrondissement de Brioude, qui appartient aujourd'hui au diocèse du Puy, faisait alors partie de celui de Saint-Flour. En outre, quelques localités telles que Gannat, Vichy, Cusset, Ebreuil, Saint-Pourçain, qui maintenant sont enclavées dans le diocèse de

(1) *Les Origines de la France contemporaine.*

Moulins, étaient autrefois enclavées dans celui de Clermont.

A l'époque où la Révolution commença, le diocèse de Clermont était sous la direction spirituelle de Mgr François de Bonal, homme remarquable par sa piété, sa science, la noblesse de ses sentiments, la dignité fière de sa tenue, la douceur et la bonté qui se réflétaient sur sa figure, et aussi par un caractère énergique, une force de volonté inflexible. Né au château de Bonal, diocèse d'Agen, en 1734, il était vicaire-général de Châlons-sur-Saône quand il fut sacré évêque de Clermont en 1776. Conférences eclésiastiques, synodes diocésains, visites pastorales, mandements, distribution d'aumônes, cet évêque mettait tout en œuvre pour opérer le bien parmi ses prêtres et son peuple. L'Eglise eut en lui pendant la révolution un champion vaillant, héroïque ; elle dut plus tard le vénérer comme une victime sainte tombée au champ d'honneur.

Le diocèse de Clermont comprenait huit cents paroisses qui formaient quinze archiprêtrés dont voici les noms : Clermont, Limagne, Souvigni, Cusset, Billom, Livradois, Sauxillanges, Issoire, Merdogne, Ardes, Rochefort, Kerment, Mauriac, Blot, Menat. Outre le chapitre cathédral, il y avait trente-quatre chapitres collégiaux, quinze abbayes d'hommes, cinq abbayes de filles, des couvents de Franciscains, de

Récollets, de Cordeliers, de Carmes, de Capucins, d'Oratoriens, dans presque toutes les villes ; des collèges à Clermont, à Effiat, à Riom, à Billom, à Mauriac; un petit séminaire à Thiers, tenu par les Prêtres du Saint-Sacrement, un grand et un petit séminaire à Clermont, sous la direction des Sulpiciens, une chartreuse, celle du Port-Sainte-Marie, plusieurs monastères de religieuses et quelques commanderies de Malte (1).

Le diocèse de Saint-Flour, en 1789, était gouverné par Mgr Claude-Marie de Ruffo, comte de Laric. Né en 1746, il était grand-vicaire de Grenoble, sa ville natale, quand il fut nommé évêque de Saint-Flour, en 1780, en remplacement de Mgr de Bouteville, transféré au siège de Grenoble. Le diocèse de Saint-Flour se composait de trois cents paroisses, divisées en cinq archiprêtrés : Saint-Flour, Blesle, Brioude, Langeac et Aurillac. Il y avait un chapitre cathédral, douze chapitres collégiaux, une abbaye bénédictine d'hommes à Pébrac, cinq abbayes de filles, des monastères d'hommes dans toutes les villes, ainsi que des couvents de religieuses; des collèges à Saint-Flour, à Brioude, à Aurillac, tous sous la direction des ecclésiastiques du diocèse qui avaient remplacé les Jésuites expulsés en 1762. Les

---

(1) *La France ecclésiastique*. Pouillé de Clermont.

Lazaristes dirigeaient le Grand-Séminaire de Saint-Flour (1).

Ainsi, on le voit, la Province d'Auvergne présentair un ensemble imposant et complet d'institutions religieuses que les siècles passés avaient organisées pour perpétuer et entretenir la vie surnaturelle parmi les populations.

Après le clergé venait la noblesse ; après la croix, l'épée : les deux forces qui avaient constitué le robuste tempérament de la France.

« Dans les derniers temps, dit Bouillet, on a calomnié la noblesse ; on a fait peser sur le corps entier les écarts de quelques-uns de ses membres. On a méconnu le mérite de son institution dans un état monarchique; on a oublié ses services ; on ne s'est pas souvenu que, pendant plusieurs siècles, elle a fait la principale force comme la principale gloire de la France. On peut encore revendiquer en sa faveur la large part qu'elle a prise à la civilisation du monde, soit en cultivant, soit en enseignant les arts et les sciences.

Combien d'hospices fondés, de collèges établis, de monuments pieux élevés par ses soins ? N'était-il pas juste que dans le système d'alors le souverain la récompensât de son dévouement à la patrie, en l'ap-

---

(1) *La France ecclésiastique.* Pouillé de Saint-Flour.

pelant auprès de sa personne, en lui accordant des distinctions, des honneurs que sa vaillante épée lui avait mérités et en lui réservant l'entrée exclusive de certaines institutions où elle trouvait une espèce d'indemnité au sacrifice qu'elle avait souvent fait de sa vie et de sa fortune pour soutenir la gloire du nom français.

La noblesse d'Auvergne, plus qu'aucune autre, était digne de ces faveurs. Pas un champ de bataille qu'elle n'ait arrosé de son sang ; pas une victoire ou une défaite qu'elle n'ait illustrée par l'éclat de ses talents ou de sa bravoure ; pas une carrière qu'elle n'ait semée de souvenirs glorieux. De ses rangs sont sortis près de vingt maréchaux de France, plus de trois cents officiers généraux dont un très grand nombre furent revêtus de commandements supérieurs. A cette liste, on peut ajouter au moins quarante cardinaux, une foule d'évêques, vingt chanceliers ou gardes des sceaux de France, et une foule de magistrats honorables. En 1789, cette noblesse n'avait pas dégénéré (1). »

Si la noblesse d'Auvergne n'avait pas dégénéré en valeur personnelle, elle avait dégénéré en puissance et en fortune.

« La noblesse, écrit un autre Auvergnat, n'était

(1) *Nobiliaire d'Auvergne*, t. I, p. xix.

plus cette aristocratie puissante et armée des temps féodaux ; elle en était à peine l'ombre. De son pouvoir tombé en grande partie sous les coups de la royauté et de la bourgeoisie réunies, il ne lui restait guère que des immunités, des exemptions d'impôts, des privilèges honorifiques et des faveurs de cour, qui, loin de lui donner de la force et de l'influence sur le pays, n'avaient d'autre effet que de la livrer aux jalousies et aux haines des autres classes de la société...

« Bien qu'il y eût encore au sommet de la société française une noblesse brillante : noblesse de nom, de titres, donnant par son esprit, sa politesse, sa grâce le ton à toutes les noblesses de l'Europe qui l'aimaient, l'enviaient et l'imitaient, il n'y avait plus, dans le vrai sens du mot, d'aristocratie ayant et exerçant un pouvoir qui lui fut propre (1). »

La haute noblesse d'Auvergne était à la cour autour du roi ou à la tête des armées ; la noblesse du second rang habitait la Province, dans des châteaux qui n'avaient plus leur ancienne splendeur et au milieu de possessions territoriales qui étaient bien diminuées. Comment ces nobles vivaient-ils avec les paysans ?

Taine répond : « Un point est sûr : c'est que le

---

(1) *L'Auvergne en 1789*, par Daniel, p. 22.

plus souvent les nobles ne sont pour le paysan ni durs ni même indifférents ; séparés par le rang, ils ne le sont pas par la distance : or, le voisinage est à lui seul un lien entre les hommes. J'ai eu beau lire, je n'ai point trouvé en eux les tyrans ruraux que dépeignent les déclamateurs de la révolution ; hautains avec les bourgeois, ils sont ordinairement bons avec les villageois. Qu'on parcoure dans les provinces les terres habitées par les seigneurs ; entre cent on en trouvera peut-être un ou deux qui tyrannisent leurs sujets ; tous les autres y partagent patiemment la misère de leurs justiciables. Ils attendent les débiteurs, leur font des remises, leur procurent toute facilité pour payer ; ils adoucissent, ils tempèrent les poursuites parfois trop rigoureuses des fermiers, des régisseurs, des gens d'affaires... Tandis que devant les premiers, ils passent la tête haute, avec un air de dédain, ils saluent les paysans avec une courtoisie et une affabilité extrêmes (1). »

En Auvergne, comme ailleurs, on distinguait trois sortes de noblesse : *la noblesse d'épée*, ou de race, celle dont l'origine toute militaire ou féodale se perdait dans la nuit des temps ; *la noblesse de robe*, celle qui s'acquérait par l'exercice de la haute magistrature dans les cours de justice ; et la *noblesse par lettres-pa-*

---

(1) *L'ancien régime*, p. 42.

lentes, celle accordée à ceux que le roi voulait récompenser des services rendus à l'Etat. Il y avait en Auvergne beaucoup de ces anoblis. « Les principales prérogatives de la noblesse, dit Bouillet, étaient la jouissance des droits seigneuriaux plus ou moins étendus dans les fiefs qu'elle possédait, le droit d'avoir un sceau, de porter les armes, des insignes et des vêtements interdits aux autres classes de la société, d'approcher plus facilement la personne du prince, et enfin l'exemption des charges publiques ordinaires ; nous disons *ordinaires*, car, en temps de guerre, la noblesse payait non seulement de sa personne, en combattant presque seule, mais encore elle contribuait de sa fortune, par une rétribution volontaire ou imposée à titre de subside (1). »

Nous verrons bientôt la noblesse d'Auvergne en lutte avec la Révolution.

Au dessous, ou plutôt presque à côté de la noblesse, venait le Tiers-Etat.

Sous le nom de Tiers-Etat étaient désignés tous ceux qui ne faisaient point partie de la noblesse et du clergé : les artisans, les paysans, les bourgeois. En 1789, tout ce que la noblesse avait perdu en puissance, en fortune, le Tiers-Etat l'avait gagné. L'artisan, le bourgeois avait travaillé, commercé,

(1) *Nobiliaire d'Auvergne,* t. I, pag. xviii.

épargné, s'était enrichi et la richesse l'avait élevé dans l'échelle sociale. C'était dans son sein que se recrutaient les parlements, les finances, les charges de la judicature, les diverses administrations.

« La bourgeoisie, dit Daniel, grandissant de plus en plus en lumières, en richesses, prenant par là même plus d'importance et de place dans le pays, pénétrant de plus en plus, d'âge en âge, par une action incessante, inévitable, dans le mouvement régulier de la vie de la nation, de ses intérêts, de ses besoins, finit à l'aide de la vénalité des charges, par rendre héréditaires dans les familles qui les possédaient, ces offices dont quelques-uns s'élevaient au niveau de la noblesse et y faisaient entrer (1). »

A part les hautes charges dans l'armée et à la cour, réservées à la noblesse, toutes les dignités étaient accessibles au Tiers-Etat. Il était partout, en effet, à toutes les avenues de la société et du pouvoir. Il entrait en nombre dans la noblesse, en si grand nombre « que dans les derniers temps de la monarchie, dit Bouillet, la noblesse, sortie du rang du Tiers-Etat, était trois fois plus nombreuse que celle dont l'origine est antérieure aux anoblissements (2). »

Le peuple également n'avait pas à se plaindre de

(1) *L'Auvergne en 1789*, p. 22.
(2) *Nobiliaire d'Auvergne*, t. I, p. xxvii.

la constitution actuelle de la société. Dans les villes, les ouvriers, pour leurs intérêts communs, étaient associés, organisés en corps de métiers, et ces corporations, appelées aussi *confréries* à cause de la fraternité qui les animait, *jurandes* à cause du serment que chaque membre émettait, avaient leurs règles auxquelles la sanction royale, par lettres patentes, donnait force de loi. Chacune de ces associations de travailleurs avait ses chef ou patrons, ses bayles ses trésoriers, sa caisse, ses maîtres-gardes, ses officiers chargés de la police de la communauté, de la visite des ateliers, des marchandises, de la réception des nouveaux membres, de la punition de ceux qui s'étaient rendus coupables de quelque faute, soit en se mettant en contravention avec le règlement, soit en servant le public peu loyalement ou infidèlement.

Chaque industrie formait une corporation, ou bien, lorsque les gens du même métier n'étaient pas assez nombreux pour en former une à eux seuls, ils se réunissaient à ceux d'un autre métier et tous réunis formaient une confrérie régulièrement organisée et administrée.

Aucun membre d'une corporation ne pouvait obtenir une maîtrise, c'est-à-dire, devenir maître qu'il n'eût été apprenti pendant plusieurs années et qu'il n'eût montré sa capacité par l'exécution d'un article de son art. Il devait en outre présenter son acte de naissance, son brevet d'apprentissage et un certificat de bonne vie et mœurs. Le jour de sa réception, il se présentait devant le juge du lieu pour prêter serment de fidélité aux statuts, puis il payait le festin de bienvenue à tous ses confrères. Il avait encore à payer l'enregistrement des lettres patentes qui constataient son admission, les honoraires des officiers et le droit d'ouverture de sa boutique ou de son atelier.

Tout maître avait un poinçon pour marquer ses ouvrages, ses marchandises.

Tout ouvrier, qui ne faisait pas partie de quelque corporation, ne pouvait fabriquer, ni vendre les objets en fabrique ou en vente dans n'importe quelle corporation. Ainsi, par exemple, nul ne pouvait être boucher qu'il ne fût reçu dans la confrérie des bouchers. De là vient que l'ancien régime fut accusé par la révolution de ne laisser ni liberté dans le travail, ni émulation dans l'industrie.

Sans doute, tout n'était pas parfait dans le système des corporations, mais les avantages compensaient amplement les abus et en détruisaient les effets. A tous les points de vue, l'ouvrier trouvait dans sa corporation d'immenses avantages. Au point de vue matériel, il trouvait ouvrage, soutien, encouragement, secours. Tous les membres devaient se secourir mutuellement dans la maladie, la vieillesse, le malheur, de sorte que l'ouvrier n'était jamais délaissé. Ses enfants mêmes étaient protégés, placés, défendus contre leurs propres passions et les dangers extérieurs. Au point de vue spirituel, c'était mieux encore : chaque corporation avait son patron, qu'elle honorait d'un culte particulier et dont l'autel était décoré aux frais de la confrérie. Elle avait aussi sa bannière sur laquelle brillaient ses armoiries et sous laquelle, en deux rangs, marchaient les confrères aux jours des grandes fêtes et dans les processions. Chaque année la corporation célébrait la fête de son patron avec grande solennité et messe chantée, à laquelle assistaient tous les membres et même leurs familles. Le lendemain, les confrères revenaient à l'église assister au service funèbre célébré pour les membres décédés pendant l'année. Après cette cérémonie, avait lieu l'assemblée annuelle où l'on réglait les comptes et les diverses affaires de la communauté, où l'on procédait au renouvellement des officiers de la confrérie.

Quand un confrère était malade, les syndics le visitaient, faisaient pour lui une quête, lui procuraient toutes sortes de soins et de secours, lui parlaient de l'avenir et, avec les remèdes du corps, lui procuraient le pain de l'âme en lui faisant administrer les sacrements.

Lorsque le prêtre apportait le saint Viatique, les confrères accompagnaient le Saint-Sacrement, un cierge à la main. Le malade venait-il à mourir, tous les travaux cessaient dans la corporation, toutes les boutiques étaient fermées et toute la confrérie assistait aux funérailles.

Dans presque toutes les villes de l'Auvergne, il y avait des corporations d'artisans, d'armuriers, de chaudronniers, de cordonniers, d'épiciers, de maçons, de tisserands, d'orfèvres, de cloutiers, de boulangers, de notaires et autres hommes de loi, de jardiniers, de bouchers, etc.

Clermont, Riom, Saint-Flour, Aurillac avaient chacun une corporation d'apothicaires ; à Montferrand, Brioude, Ambert, Chaudesaigues, Pierrefort, Blesle, Langeac, Issoire, Allanche, Murat, les apothicaires formaient corporation avec les médecins. Brioude avait une corporation d'aubergistes, Ambert en avait une de boulangers et de pâtissiers réunis ; Issoire de même ; les boulangers et les bouchers d'Aurillac faisaient cause commune. Les chapeliers avaient trois corporations en Auvergne : à Clermont, à Issoire et à Saint-Flour. A Riom, les chapeliers étaient unis aux teinturiers ; à Aurillac, les chaudronniers aux couteliers. A Clermont, Issoire, Riom, Saint-Flour, il y avait des confréries de cordonniers. Mauriac avait une corporation de marchands et d'artisans réunis. La plus célèbre de toutes les corporations de l'Auvergne était celle des couteliers de Thiers.

Dans les villes, les gens de la même corporation cherchaient autant que possible à s'établir tous ensemble dans la même rue ; de là sont venues ces dénominations de rues qui subsistent encore : Rue *des Orfèvres*, rue *des Bouchers*, rue *des Tanneurs*, rue *des Tisserands*, etc. (1).

La Révolution a détruit toutes ces corporations, et aujourd'hui l'individualisme, qui a le plus souvent pour résultat le paupérisme et la dégradation morale, fait regretter le système de ces anciennes confréries de travailleurs. Il semble qu'on veuille y revenir. L'idée d'association, en effet, pénètre aujourd'hui partout. On sent le besoin de se grouper pour être plus fort et plus heureux.

(1) Voir pour plus de détails : *L'Histoire des Communautés d'Arts et Métiers de l'Auvergne*, par Bouillet.

CHAPITRE II

MŒURS DES HABITANTS DE L'AUVERGNE AVANT LA RÉVOLUTION.

Ce ne sont pas les historiens qui ont vécu sous l'ancien régime qui crient le plus fort contre lui ; ce sont les historiens modernes, ceux qui ne l'ont ni vu ni connu qui montrent le plus de violence, le plus de haine contre l'ancienne France et ses institutions. Cela se conçoit ; fils de la Révolution, nourris de son lait empoisonné, ils veulent défendre leur mère ; ils cherchent à cacher ses hontes, ses turpitudes, ses férocités et, pour cette besogne, il faut évidemment jeter l'injure, le discrédit, le mensonge et le blâme sur les temps antérieurs ; il faut crier aux abus afin d'avoir le droit de dire que la Révolution a bien fait de tout détruire. C'est ce qu'ils font. A leurs dires, l'ancien régime, c'était la tyrannie, la misère, l'esclavage, presque la barbarie.

Les écrivains qui l'ont vu, qui ont vécu dans ce monde évanoui, n'en disent pas autant de mal. C'était un temps comme un autre, prétendent-ils, il y avait du mal et du bien, des institutions bonnes, mais des abus à détruire.

Ainsi Marmontel, Montlosier, Malouet, Chabrol, Legrand d'Aussy, Delarbre, de Lafayette, qui ont connu l'ancienne Auvergne, n'ont pas de ces haines, de ces fureurs contre les institutions d'autrefois. Ils n'admirent pas tout sans doute, mais ils ne blâment pas tout non plus. Ils disent que les institutions étaient bonnes, mais que des réformes étaient nécessaires.

Pour faire connaître l'ancienne Auvergne, je citerai donc ces derniers de préférence parce qu'ils sont sans haine, parce qu'ils ont vu ce dont ils parlent. En lisant ce que disent ces auteurs et en regardant ce qui se passe de nos jours, je suis porté à croire que les populations de l'ancienne Auvergne étaient plus heureuses que celles de nos temps. Elles étaient du moins plus calmes, plus paisibles, moins ambitieuses, moins divisées, moins surexcitées et enfiévrées par les passions politiques.

Protégées par leurs montagnes, restées pures de toute alliance étrangère, elles avaient conservé le caractère, la physionomie, la foi, les mœurs, l'énergie, la simplicité de leurs aïeux ; par conséquent, le respect de la loi et de l'autorité était resté profond ; l'amour de la religion, ardent ; l'union dans les familles, affectueuse ; les mœurs simples et pures : toutes choses qui font le bonheur d'un peuple. Voici ce que dit à ce sujet un homme qui a vécu au milieu d'elles, le Comte de Montlosier :

« Dans nos montagnes, les mœurs étaient tellement pures que, dans l'intervalle de plus d'un demi-siècle, on ne pouvait citer qu'un seul exemple de mauvaise conduite de jeune fille, pas un seul d'adultère ; les hommes et les femmes s'y portaient mutuellement une sorte de respect, mais avec des nuances diverses ; par exemple, les hommes prenaient leurs repas assis, les femmes debout pour être apparemment plus prêtes à servir, ce qui était leur office. La mère de famille n'avait pas à cet égard plus de distinction que les autres ; après cela, si une femme demandait un service à un homme, celui-ci s'y prêtait avec complaisance ; quelque danger dans ce cas ne l'aurait pas détourné. Il fallait toutefois que ce service fût d'une certaine nature ; pour toute chose au monde, si ce service appartenait à quelque chose du devoir ordinaire des femmes, il ne s'y prêtait pas ; par exemple, il se passait de boire plutôt que d'aller avec une cruche chercher de l'eau à la fontaine. Il en serait de même à l'égard de beaucoup d'autres choses, comme de faire son lit ou de balayer la maison (1). »

Il y avait aussi de la fierté dans nos paysans d'Au-

---

(1) *Mémoires de Montlosier*, t. I, p. 68.

vergne : « Dans les premiers moments de 1789, ajoute de Montlosier, lorsque toutes les têtes étaient déjà échauffées de révolution, quelque affaire m'ayant amené dans une petite ville des montagnes, un jour de marché, la maitresse de l'auberge, qui me connaissait, s'empressait de me servir et me montrait des égards. Elle fut aussitôt interpellée par un groupe de paysans à table qui demandaient ses préférences. *Après tout*, disaient-ils, *ce n'est qu'un Monsieur*. Elle leur répondit aussitôt en s'approchant d'eux : — *C'est vrai, mais tout Monsieur qu'il est, sachez qu'il y a tel Monsieur qui peut valoir un paysan...* Les chants et les danses de nos montagnes, continue de Montlosier, ne m'occupaient pas moins que les mœurs et les bons mots. J'admirais le charme naturel de ces airs indigènes que l'âme seule sans aucun art avait produits. A cet égard, une singularité remarquable, c'est que les airs de la partie d'Auvergne qu'on appelle Limagne sont tous dans la mesure à deux temps ; ceux des montagnes, sans exception, sont dans la mesure à trois temps ; ces airs, leur origine, leur analogie sous le rapport de la simplicité avec nos anciennes romances françaises m'ont occupé beaucoup alors (1). »

Puisque nous en sommes à l'étude des mœurs et des usages de l'ancienne Auvergne, citons à ce sujet

(1) *Mémoires de Montlosier*, t. I, p. 71-73.

ce que dit Legrand d'Aussy sur Aurillac, Salers et Mauriac :

« L'habitant d'Aurillac, dit-il, est naturellement gai et sociable; il aime la danse, la table et le plaisir. Nulle part peut-être on ne voit proportionnellement autant de cafés et de maisons de traiteurs. Les femmes d'un certain rang se piquent d'élégance et affichent du luxe; mais les hommes, de quelque état qu'ils soient, n'ont point de faste. Ils préfèrent la dépense qui donne un plaisir à la dépense qui ne fait que parer... Le commerce d'Aurillac consiste en fromages, en chevaux, en bêtes à cornes et en moutons; ajoutons le chaudronnage... Ci-devant il y avait à Aurillac une manufacture de bonnets et des tanneries; une des tanneries existe encore. Les femmes du peuple travaillent à la dentelle, on les voit se réunir par groupes, s'asseoir à la porte de leurs maisons et là travailler en chantant ou babillant ensemble; leur gaieté rend plus animé le tableau intérieur de la ville...

« Les habitants de Salers s'appliquent également au chaudronnage. Cependant il y a dans ce canton trois communes qui ne fournissent que des rapetasseurs ambulants de vieux souliers. Salers, situé au nord d'Aurillac, en est distant d'une petite journée. Cette ville, peu intéressante par elle-même, puisqu'elle n'a que quinze cents habitants, l'est beaucoup par ses hautes montagnes qui nourrissent les plus beaux bestiaux qu'ait toute l'Auvergne. Le pays ne fournissant pas le quart des grains qui sont nécessaires, les habitants sont obligés d'en tirer des cantons d'alentour et particulièrement du Limousin. Il en est de même du vin, des étoffes, en un mot, de tout ce qu'ils consomment, et ils n'ont à donner en échange que des fromages, des bestiaux et un peu de lin...

« Après Salers, il ne reste plus à voir dans la Haute-Auvergne, que Mauriac, chef-lieu de l'Election de ce nom et patrie de Chappe d'Auteroche, de l'Académie des Sciences. Les grandes et larges rues de cette ville, annoncent qu'elle eut autrefois quelque importance. En effet, elle était après Saint-Flour, Aurillac, Salers, Chaudesaigues et Maurs, une de celles qui avaient droit d'envoyer des députés aux Etats de la Province. Aujourd'hui elle paraît déserte. Elle avait une tannerie qui depuis l'impôt sur la marque des cuirs est anéantie. Les femmes y font la dentelle. Mauriac est l'entrepôt des blés que fournit le département de la Corrèze... Le principal produit du pays consiste en fromages, chanvres, bêtes à corne et laines. Des différents cantons de l'Auvergne, celui-ci est un de ceux qui fournissent le plus à l'émigration (1). »

(1) *Voyage en Auvergne*, t. III, p. 25-31.

La rigueur du climat, la stérilité du sol dans certaines contrées, le taux excessif des impositions forçaient les Auvergnats à s'expatrier, un grand nombre allaient en Espagne. L'émigration, malgré quelques avantages pécuniaires qu'elle apportait, était regardée par les hommes sensés comme préjudiciable à l'agriculture et aux bonnes mœurs. Et pourtant, avant la Révolution, l'Auvergnat, qui allait gagner sa vie au loin, était honnête et chacun rendait hommage à sa probité, à sa franchise, à sa sobriété, à sa patience dans le travail. Certes alors, le mot *colporteur, voyageur* n'était pas comme aujourd'hui synonyme de *filou*.

Sur cette antique aménité et simplicité de mœurs, écoutons Marmontel, natif de Bort, élève des Jésuites du collège de Mauriac. Ce qu'il dit de Bort, ville limousine, voisine de Mauriac, peut être dit de toutes les villes d'Auvergne.

« J'ai eu l'avantage, écrit-il, de naître dans un lieu où l'inégalité de condition et de fortune ne se faisait presque pas sentir. Un peu de bien, quelque industrie et un petit commerce formaient l'état de presque tous les habitants de Bort, petite ville limousine où j'ai reçu le jour; la médiocrité y tenait lieu de richesse; chacun était libre et utilement occupé. Ainsi, la fierté, la franchise, la noblesse du naturel n'y étaient altérées par aucune sorte d'humiliation, et nulle part le sot orgueil n'était plus mal reçu, ni plutôt corrigé. Je dus beaucoup à une certaine aménité de mœurs qui régnait alors dans ma ville et il fallait bien que la vie simple et douce qu'on y menait eût de l'attrait, puisqu'il n'y avait rien de plus rare que de voir les enfants de Bort s'en éloigner. Leur jeunesse était cultivée, et, dans les collèges voisins, leur colonie se distinguait, mais ils revenaient dans leur ville comme un essaim d'abeilles à la ruche après le butin (1). »

Le clergé, le peuple et même la noblesse ne se mêlaient pas de politique ; le journalisme, ce semeur de zizanie, cet excitateur de toutes les passions, n'existait pas encore, pour le peuple du moins ; la paix était dans les idées comme dans les maisons et le pays. Un seul courrier partait chaque semaine d'Aurillac pour Paris.

« Il serait curieux, dit de Montlosier, de comparer l'activité qui règne aujourd'hui dans les esprits ainsi que dans les affaires avec la torpeur et l'inertie que j'ai vues autrefois. On recevait une seule gazette, appelée *Gazette de France*, qui paraissait deux fois la semaine. Voilà pour le mouvement des esprits. Dans le même temps, un coche partait toutes les semaines des principales villes de France pour Paris et n'était pas toujours plein : voilà pour le mouvement des

---

(1) *Mémoires de Marmontel.*

affaires. Je me souviens du temps où on commença à recevoir dans nos provinces une feuille un peu moins insuffisante appelée *Le Courrier d'Avignon*. Ce fut comme une fortune. Cette sorte d'inertie se conserva plus ou moins jusqu'à la mort de Louis XV. L'avènement de Louis XVI présente une ère différente. L'agitation, qui avait déjà montré quelques pointes, prend tout à coup de l'essor ; cet essor, devenant chaque jour plus sensible, change bientôt la face du royaume. Un nouveau système de diligences publiques, sous Turgot, indique la nouvelle activité des affaires. Le *Journal de Paris*, qui s'éleva en même temps que le *Mercure*, conçu avec un nouvel esprit et de nouvelles formes, indique l'activité de la littérature. Le *Courrier de Londres*, appelé alors *Le Courrier de L'Europe*, fit connaître à toute la France, la politique et les libertés anglaises (1). »

La simplicité des mœurs se manifestait dans le vêtement, le logement et l'alimentation. Au point de vue de cet état de choses il y a, dans les nations comme dans les individus, trois phases : le nécessaire, le confortable et le luxe. Avant la Révolution, nos pères étaient dans la période du confortable, nous sommes dans celle du luxe.

Les paysans d'Auvergne étaient vêtus de gros drap

---

(1) *Mémoires de Montlosier*, t. I, p. 161-163.

fabriqué dans le pays, généralement noir ou brun ; rien de frelaté ; la blouse, ce vêtement de la misère, était inconnue.

« Qu'on remarque dans les gravures du temps comment sont vêtus les paysans et les hommes du peuple. Tous ont des vestes et des habits de drap. Ce trait est caractéristique. Le costume d'un peuple exprime deux choses : sa situation morale et ses idées. La blouse apparaît avec la Révolution, et plus la Révolution s'étend, plus le peuple adopte la blouse. Si vous voyez un homme en blouse dans un pays où personne ne la porte, c'est un étranger ou un enfant du pays revenu avec des sentiments moins purs et des idées opposées à l'autorité. L'habit de drap suppose l'aisance et exige de la tenue ; la blouse permet le laisser-aller ; un homme en habits de drap a de la dignité, la blouse repousse toute élégance, toute distinction. Elle englobe toute une classe dans une forme commune ; la blouse est le vêtement propre à la démocratie. Aussi les ouvriers des grandes villes l'ont-ils adoptée, tandis que les pays qui ont conservé le mieux les anciennes coutumes, les races les plus aristocratiques, la Bretagne, les Pyrénées, la Savoie, etc., se distinguent par des vestes de drap, élégantes, lestes et variées (1). »

(1) *Le Bien et le Mal*, par Eugène Loudun.

La simplicité et la modestie qu'on voyait dans le vêtement se trouvaient aussi dans le logement. Les maisons des paysans, composées d'une cuisine entre cave et grenier, étaient généralement d'une rusticité primitive, même chez les bourgeois et les nobles de Province.

« Il y a 60 ans, dit Taine, dans la petite noblesse comme dans la bourgeoisie moyenne, les besoins étaient bornés et la vie sobre ; on ne s'inquiétait ni d'élégance, ni de confortable ; on était dur aux intempéries, on n'avait point de curiosité, on ne songeait pas à voyager ; le corps moins délicat ne redoutait pas le malaise, l'esprit moins exigeant n'éprouvait pas l'ennui. Une famille entière vivait avec cent louis par an, quelquefois avec cinquante. On se contentait d'une servante unique, payée trois francs par mois, en sabots, qui ne parlait que patois mais qui épousait les intérêts de ses maîtres et restait sous leur toit jusqu'à sa mort. Il y avait un salon dont les fauteuils avaient été rajeunis au moyen d'une vieille robe de noces ; mais il ne s'ouvrait qu'aux jours d'apparat, et la pièce la plus habitée était la cuisine ; c'est là que l'on mangeait, qu'on se tenait à l'ordinaire et que, tous les soirs, sans s'apercevoir de la fumée, la dame avec sa servante fabriquait ou entretenait tout le linge de la maison, à la lumière d'une seule chandelle que faisait vaciller le vent de la porte (1). »

(1) Discours de réception à l'Académie.

Les rapports sociaux étaient bienveillants : on ne voyait pas dans le pays ces divisions de famille, ces haines tenaces que les passions politiques ont apportées.

« Dans les relations d'intérêt, nulle oppression du seigneur sur ses fermiers. Dans les contestations, tout se faisait d'après l'équité; c'était un échange de bons procédés, dit M. de Tocqueville; non seulement leurs rapports étaient bienveillants, mais il s'était établi dans l'habitude de la vie entre le maître et le paysan une familiarité qui ne nuisait en rien au respect. Arthur Young ne se lassait pas de s'étonner du ton simple et aisé avec lequel l'un et l'autre se parlaient et se traitaient, de voir les métayers manger à la table du maître quand ils venaient payer leurs fermages, danser avec les seigneurs aux fêtes du village et aussi avec la dame du château. Quand on lit les contemporains, on est en droit de se demander, avec un écrivain qui a spécialement étudié ce sujet, Leymarie, si le paysan est plus heureux aujourd'hui et si la condition a été améliorée par la Révolution (1). »

Notons encore qu'autrefois des légendes merveilleuses, des contes, des jeux égayaient nos pères dans les veillées d'hiver. Rangés autour d'un grand

---

(1) *Le Bien et le Mal*, par Loudun.

feu, hommes, femmes, vieillards, enfants, maitres et domestiques, dans une douce et joyeuse familiarité faisaient fête à qui raconterait le plus d'histoires curieuses, dirait le plus de mots plaisants. Il n'était question que de lutins, de fées, d'apparitions qui faisaient mille prouesses dans les montagnes. Aujourd'hui on ne s'amuse plus, on ne chante plus, on ne dit plus de contes. Le soir venu, la jeunesse, dédaignant les jeux et les joies du foyer domestique, s'en va, court aux auberges, aux cafés, aux réunions scandaleuses. Les veillées d'Auvergne n'existent plus, les fées se sont envolées, les lutins ne font plus leurs tours de passe-passe, toute poésie a disparu.

Ce n'est pas à dire pourtant que tout fût parfait dans l'ancienne Auvergne. Loin de là : ce qui diminuait de beaucoup le bonheur du peuple, c'était l'impôt. L'impôt était énorme, écrasant dans nos montagnes ; nous en parlerons plus loin. Disons un mot de la manière dont était administrée notre Province.

CHAPITRE III

ADMINISTRATION CIVILE, MILITAIRE ET JUDICIAIRE DE L'AUVERGNE.

Avant la Révolution, la France était divisée en Provinces administrées civilement, les unes par des Intendants, les autres par leurs Etats particuliers ou Assemblées provinciales. Ces dernières portaient le nom de *Pays d'Etats*; les autres celui de *Pays d'Election*. L'Auvergne était un Pays d'Election, par conséquent gouverné par un Intendant. Faire exécuter les ordres du roi, présider à l'administration financière, à la répartition et à la levée des impôts, à la construction et à la réparation des routes, favoriser l'agriculture, le commerce et l'industrie, traiter de concert avec le gouvernement militaire, les questions relatives à l'administration militaire : convois, étapes, logements des soldats, régler le tirage au sort de la milice, surveiller la police, la justice, l'ordre public, la circulation des subsistances, instruire le gouvernement de l'état de la Province, de ses revenus, de ses productions, signaler les réformes à faire, etc.. telles étaient les principales fonctions de l'Intendant.

Comme aides dans l'administration de la Province, l'Intendant avait sous lui et nommés par lui, des agents nommés *Subdélégués*, lesquels préparaient ses décisions et faisaient exécuter ses ordres dans un certain rayon du territoire. Les Intendants et les Subdélégués étaient à peu près ce que sont aujourd'hui nos Préfets et nos Sous-Préfets.

L'Intendant qui gouvernait la Province d'Auvergne, lorsque la Révolution commença, était Charles-Antoine-Claude de Chazerat, chevalier, vicomte d'Aubusson, et Montbel, baron de Lignat, comte de Lezoux, seigneur de Ligones, Fonteil et Mirabel. Né en 1728, cet administrateur habile et intègre, dit le *Nobiliaire d'Auvergne*, cet homme vertueux dont la mémoire sera toujours chère à l'Auvergne, mourut en 1824, âgé de 98 ans, sans postérité.

Sous le rapport des finances, la France était divisée en vingt-quatre Généralités. La Généralité d'Auvergne avait son bureau des finances à Riom, d'où le nom de *Généralité de Riom*.

Pour faciliter l'administration financière, on avait divisé la Province en sept Elections dont les chefs-lieux étaient : Clermont, Riom, Issoire, Brioude, Saint-Flour, Aurillac et Mauriac. Les magistrats qui exerçaient la juridiction financière dans chaque Election étaient appelés *Elus*.

Le gouvernement militaire en Auvergne était ainsi composé : un gouverneur général, un commandant en chef, deux lieutenants généraux, l'un pour la Basse-Auvergne, l'autre pour la Haute-Auvergne ; deux lieutenants du Roi, quatre lieutenants des maréchaux de France. Voici l'état du personnel militaire en 1785 : Gouverneur général : Le duc de Bouillon ; commandant en chef : le comte de Montboissier. — Lieutenants généraux : le vicomte de Beaune pour la Basse-Auvergne, le duc de Caylus pour la Haute-Auvergne. — Lieutenants du Roi : Huet d'Ambrun et le comte de Sarret de Fabrègues. — Lieutenants des maréchaux de France : le marquis de Bosredon à Clermont, de Vernières à Clermont, le comte de Champigny à Riom et le baron de Saint-Etienne à Aurillac (1). Je ne sais si en 1789 ces mêmes hommes occupaient les mêmes dignités. Les différents corps de troupes de toutes armes étaient divisés en armée régulière et en armée auxiliaire. L'armée régulière était recrutée par le moyen des enrôlements volontaires ou à prix d'argent. La durée des engagements était de huit ans. La noblesse faisait partie de cette armée ; l'armée auxiliaire ou milice se recrutait par

(1) *Etat militaire de la France en 1785*, 53.

le tirage au sort ; chaque paroisse était obligée de fournir un nombre d'hommes proportionnellement au nombre de ses feux.

La maréchaussée de l'Auvergne, ce que nous appelons aujourd'hui gendarmerie, était sous le commandement d'un Prévôt général. La Prévôté était divisée en deux lieutenances : Riom et Saint-Flour. La lieutenance de Riom était subdivisée en quatre sous-lieutenances : Thiers, Riom, Brioude et Clermont. Il y avait des brigades à Pont-du-Château, à Montaigut, à Pontaumur, Issoire, Ambert, Besse Billom, Rochefort, Tauves, Langeac, Massiac, Pontgibaud et Veyre.

La lieutenance de Saint-Flour n'avait qu'une sous-lieutenance, Mauriac. Il y avait des brigades à Aurillac, Chaudesaigues, Murat, Maurs et Saint-Martin-Valmeroux (1).

En 1789, de Laribehaute était grand Prévôt de la maréchaussée générale de la Province.

L'administration judiciaire était organisée ainsi qu'il suit : les tribunaux portaient le nom de Bailliages ou Sénéchaussées. Il y avait en Auvergne deux Sénéchaussées ou grands Bailliages dont les sièges étaient Riom et Clermont, et sept Bailliages secondaires dont les sièges étaient : Usson, Montai-

---

(1) *Etat militaire de la France en 1785*, 441.

gut, Saint-Flour, Murat, Aurillac, Vic-sur-Cère et Salers.

La Sénéchaussée de Riom, appelée aussi Sénéchaussée d'Auvergne, la plus importante, était composée d'un sénéchal, de deux présidents, d'un lieutenant général criminel, de deux lieutenants particuliers, l'un civil, l'autre criminel, et portant le nom d'assesseurs, de dix-sept conseillers laïques ; d'un conseiller clerc, d'un conseiller d'honneur, de deux avocats du roi et d'un procureur du roi. Elle relevait du Parlement de Paris ; ses membres portaient la robe rouge. Le grand sénéchal de Riom, en 1789, était Allyre-Joseph-Gilbert, comte de Langeac, maréchal de camp, conseiller du Roi.

Par sénéchal ou bailli, on entendait l'officier royal au nom duquel s'exerçait la justice, étaient portés les jugements, étaient intitulés les sentences et les contrats passés dans l'étendue de son ressort. Par lieutenant général, on entendait l'officier qui remplaçait le sénéchal dans l'administration de la justice et qui prononçait la sentence en son nom.

La Sénéchaussée de Clermont était composée d'un sénéchal, d'un président, d'un lieutenant général, d'un lieutenant criminel, d'un lieutenant particulier, d'un chevalier d'honneur, d'un assesseur, de douze conseillers laïques, de deux avocats du roi et d'un procureur du roi. Il y avait aussi un receveur des consignations, un greffier civil et un greffier criminel. Les officiers de cette Sénéchaussée, comme ceux de Riom, portaient la robe rouge. En 1789, Gabriel Annet de Bosredon était sénéchal de Clermont.

Le Bailliage de Saint-Flour était composé d'un bailli d'épée, d'un lieutenant général civil et criminel et de police, d'un lieutenant particulier, d'un assesseur criminel, d'un avocat du roi, d'un procureur du roi et d'un greffier en chef. Le baillage relevait immédiatement du Parlement de Paris, à l'exception des cas présidiaux qui avaient été attribués au Présidial d'Aurillac. Le bailli d'épée de Saint-Flour en 1789 était Joseph-Louis-Robert, marquis de Lignerac, de Pleaux de Saint-Chamant, créé duc de Caylus en 1783. M. de Vaissière était lieutenant général.

Le Bailliage d'Aurillac portait le titre de Présidial parce qu'il pouvait juger en dernier ressort dans certains cas. Il était composé d'un bailli d'épée, d'un lieutenant général, d'un lieutenant criminel, d'un lieutenant particulier, d'un assesseur, d'un chevalier d'honneur, de sept conseillers, de deux avocats du roi, d'un procureur du roi, d'un substitut, d'un receveur des consignations, d'un receveur du sceau de la chancellerie, d'un greffier civil et d'un greffier criminel. En 1789, le lieutenant général était Lacarrière de La Tour.

Le Bailliage de Salers était composé d'un bailli de

robe courte, d'un lieutenant général civil et criminel, de trois conseillers, d'un commissaire enquêteur et examinateur (officier préposé à la police), d'un procureur du roi, d'un avocat du roi, d'un receveur des consignations et d'un greffier en chef. Ce bailliage relevait de la Sénéchausée de Riom. Antoine Lescurier de La Vergne était lieutenant général de Salers, en 1789.

On appelait *bailli de robe courte*, l'officier royal d'un bailliage qui ressortissait d'un autre bailliage, et bailli *de robe longue*, l'officier d'un bailliage dont les appellations ressortissaient immédiatement du Parlement de Paris.

Le bailliage d'appeaux de Vic-sur-Cère avait juridiction sur toute la contrée qu'on appelait le *Carladès*. Il était composé d'un lieutenant général, d'un lieutenant particulier, d'un procureur du roi, d'un avocat du roi et d'un greffier. Il relevait directement du Parlement de Paris et du Présidial d'Aurillac pour les cas présidiaux. Le vicomte de Murat de Sistrières était lieutenant général en 1789.

Le bailliage de Montaigut-en-Combraille était composé d'un seul lieutenant général et d'un procureur du roi.

Le bailliage d'Usson, auquel avait été uni celui de Nonette, ressortissait de la Sénéchausée de Riom et avait M. Christophle pour lieutenant général en 1789.

Murat n'avait pas de bailliage proprement dit, mais il avait une Prévôté royale, c'est-à-dire une juridiction inférieure où étaient jugées les affaires civiles en première instance. Cette Prévôté relevait du bailage de Vic; elle était composée d'un juge prévôt royal, d'un lieutenant particulier, d'un assesseur et d'un procureur du roi. Il y avait quelques autres prévôtés de ce genre dans la province et plusieurs baillages seigneuriaux, tels que le bailliage ducal de Montpensier, séant à Aigueperses et appartenant au duc d'Orléans.

Outre les bailliages dont je viens de parler, la Province d'Auvergne possédait au chef-lieu de chaque Election un tribunal qui jugeait les différends concernant les impôts; les appels étaient portés à Clermont devant la *Cour des aides* qui jugeait en dernier ressort (1).

Les tribunaux, on le voit, ne manquaient pas en Auvergne, et autour de ces tribunaux existait une foule d'avocats, de notaires, d'huissiers, de procureurs ou avoués qui vivaient de chicanes ou de procès.

« Je connais, aux villes d'Auvergne, dit Legrand d'Aussy, une maladie redoutable par ses suites, malheureusement presque incurable : celle du goût pour la chicane et les procès, goût entretenu par ces

---

(1) CHABROL. *Institutions de l'Auvergne*, t. II.

armées de gens de loi et gens de pratique qui, multipliés dans la Province à un point indéfini, la dévoraient en détail. Une classe d'hommes, qui ne pouvaient vivre que par les querelles des autres, devenait nécessairement ennemie de la paix publique. Leur intérêt était de fomenter les divisions ; ils semaient ou entretenaient le trouble dans les familles ; ils y nourrissaient la discorde et c'est ce qu'on voyait spécialement à Aurillac... L'Auvergnat manquant d'industrie, ne cultivant ni les arts ni les sciences, n'ayant ni manufacture, ni commerce intérieur, avait peu de moyens de fortune pour l'établissement de ses enfants. Voulait-il leur donner un état, il les plaçait dans les emplois qui tenaient aux tribunaux et de là ces légions de petits juges subalternes, d'avocats, procureurs, notaires, huissiers, et autres gens de plume dont la province était infestée dans toute son étendue et qui, ne vivant que par les querelles des autres, y nourrissaient et entretenaient l'esprit de discorde et la fureur des procès. Salers comme Riom vivait aux dépens des plaideurs et par les produits d'un bailliage royal qui s'y trouvait établi. Aussi quand ce bailliage fut détruit, Salers privé de sa fabrique de chicanes et de procès, fut-il dans la désolation (1). »

(1) *Voyage en Auvergne*, t. II, p. 22 ; — t. III, p. 269 ; — t. II, p. 33.

CHAPITRE IV

ABUS ET RÉFORMES. — ASSEMBLÉES MUNICIPALES. — ASSEMBLÉES D'ÉLECTION.

Les anciennes institutions étaient bonnes ; personne n'en désirait la destruction. Les assemblées d'élections, les assemblées provinciales, les cahiers des doléances, nous le verrons, demandaient, non qu'on fît disparaître l'ordre établi, mais qu'on détruisît certains abus, qu'on diminuât les impôts, et qu'on fît des réformes dans les diverses administrations. La Révolution, nous aurons souvent l'occasion de le constater, alla à l'encontre de tous les désirs en ruinant tout ce qui existait. Il ne fallait pas détruire, il fallait réformer ; il y avait, en effet, des réformes à faire, des abus à détruire. Des abus ! il y en aura toujours. L'humanité en général, l'homme en particulier, les sociétés, toutes les choses humaines déchoient chaque jour, dépérissent, se déforment ; chaque jour il faut des réparations, des transformations, des réformes.

Au point de vue de la législation, il y avait en France, en Auvergne surtout, une grande anomalie : certaines contrées étaient régies par le droit écrit, d'autres par le droit coutumier ou traditions locales, de telle sorte que tel fait réputé mauvais ici était déclaré licite là. Un procès était ou gagné ou perdu selon qu'on le jugeait au nord ou au midi.

« Le mélange du droit écrit et du droit coutumier dans la province d'Auvergne, dit Chabrol, est une singularité dont la France ne fournit pas d'autres exemples... Quelquefois une même maison se régit par la coutume pour une moitié et par le droit écrit pour l'autre. Ailleurs la portion principale d'une ville est soumise à l'une des deux lois et quelques maisons sont gouvernées par l'autre. Différents lieux observent le droit écrit en général, mais pour certaines matières, se sont soumis à la coutume (1). »

« Une province, dit M. de Colonne dans un mémoire, paie des impôts qui ne sont pas perçus dans une autre. Dans l'une, le même impôt est levé sur un taux et dans une forme qui diffère absolument de ce qui est suivi dans l'autre. Il y a des villes franches, des villes abonnées, des provinces régies, des provinces d'Etat, des pays rédimés. On ne peut faire un pas dans ce vaste royaume sans y trouver des lois

---

(1) *Coutumes d'Auvergne*, t. I, p. IX-XXX.

différentes, des usages contraires, des exemptions, des affranchissements, des droits et des prétentions de toute espèce, et cette dissonance complique l'administration, interrompt son cours, embarrasse ses ressorts, multiplie partout les frais et le désordre. »

Il y avait autrefois plusieurs sortes d'impôts ; la noblesse payait ces impôts excepté la taille ; il fallait établir l'égalité de tous devant l'impôt et unifier, simplifier les diverses impositions. En outre, chaque pays, chaque ville même avait des mesures et des poids différents : c'était la cause d'une foule de contestations et de procès ; il fallait établir l'unité de poids et de mesures, et pour cela il n'était pas nécessaire de couper les têtes, de renverser la royauté et de faire disparaître dans le sang toutes les institutions anciennes.

Je signalerai encore parmi les causes de mécontentement, l'entrave apportée au commerce par les douanes intérieures, la centralisation poussée déjà bien loin, la confusion qui régnait dans les diverses administrations, l'exclusion du Tiers-État de certaines fonctions élevées, réservées à la noblesse, etc.

Ces abus préoccupaient vivement l'opinion publique. Animé des meilleures intentions, le roi Louis XVI avait déjà apporté de profondes modifications dans l'état des choses, introduit bien des améliorations, fait bien des réformes. Pour accélérer ces réformes, il voulut associer le peuple à son travail, s'aider de ses lumières. Dans ce but, par un édit du mois de juin 1787, il ordonna la création de trois sortes d'Assemblées : *Assemblées municipales* pour gérer les affaires des Paroisses, *Assemblées d'Elections* pour gérer les affaires des Elections, *Assemblées provinciales* pour gérer les affaires des Provinces.

En Auvergne, nous eûmes donc nos Assemblées. Elles se formèrent dans le courant de l'été de 1787.

ASSEMBLÉES MUNICIPALES

Dans toutes les communautés ou paroisses, les assemblées municipales s'organisèrent conformément au règlement donné par le roi (1).

Les membres de ces Assemblées furent choisis au scrutin par les électeurs de la paroisse. Or, étaient électeurs tous les contribuables qui payaient au moins dix livres d'impôt foncier ou personnel ; étaient éligibles tous les citoyens nobles ou non, âgés de 25 ans, domiciliés dans la paroisse depuis au moins un an, et payant au moins trente livres d'impôt.

Les élections faites, les citoyens élus se réunirent au chef-lieu de chaque paroisse sous la présidence

---

(1) Il ne faut pas confondre les assemblées municipales avec les assemblées paroissiales; celles-ci n'étaient autre chose que la réunion des habitants électeurs pour le choix des membres de l'assemblée municipale.

du seigneur de l'endroit. Là où il n'y avait pas de seigneur, c'était le syndic qui présidait. On appelait syndic le membre de l'Assemblée chargé de l'exécution des arrêtés qu'elle portait et de faire les rapports sur les matières qu'elle devait traiter dans ses séances. Le seigneur et le curé de la paroisse étaient membres de droit de ces Assemblées. Le nombre des membres était proportionné au nombre des habitants. Dans les municipalités de cent feux, l'Assemblée devait être composée de trois membres, outre le seigneur, le curé et le syndic. Dans les municipalités de plus de cent feux, elle devait en avoir six ; dans celles de plus de deux cents, neuf, ainsi de suite à trois députés par cent feux.

Les Assemblées municipales furent tenues dans les paroisses le deuxième dimanche du mois d'août 1787. Chacune s'occupe des affaires de sa paroisse, sans sortir de ses attributions. Or, ses attributions consistent à faire une juste répartition des impôts entre les paroissiens, à en surveiller la collecte, à aviser aux travaux publics, aux constructions et réparations des chemins vicinaux, des écoles, des presbytères et à porter à cet égard les vœux de la paroisse à l'Assemblée d'Election, qui les transmet à l'Assemblée Provinciale, laquelle les porte au roi.

Les travaux des Assemblées municipales n'eurent pas sans doute une grande importance, attendu que peu de choses avaient été prévues, mais diverses motions furent faites, des questions posées, des demandes formulées, des vœux exprimés ; les membres commencèrent à se familiariser avec les affaires. Il y eut réveil de la vie publique. Les membres des Assemblées municipales étaient élus pour trois ans. Chaque année l'Assemblée devait se renouveler par tiers.

ASSEMBLÉES D'ÉLECTION

Les Assemblées d'Election eurent plus d'importance.

Nous l'avons dit, l'Auvergne était divisée en sept Elections : Clermont, Riom, Issoire, Brioude, Saint-Flour, Aurillac et Mauriac.

L'Election de Clermont, la plus considérable, renfermait un grand nombre de paroisses et les treize villes dont voici le nom : Clermont, Montferrand, Billom, Courpière, Pont-du-Château, Lezoux, Vic-le-Comte, Olliergues, Saint-Amant, Besse, Latour, Ardes et Pontgibaud. L'Election de Riom renfermait quatre villes : Riom, Thiers, Maringues et Montaigut-en-Combraille. L'Election d'Issoire en avait huit : Issoire, Saint-Germain-Lembron, Usson, Nonette, Sauxillanges, Auzon, Ambert et Arlanc. L'Election de Brioude en comptait cinq : Brioude, Blesle, La

Chaise-Dieu, Pauliaguet et Langeac. L'Election de Saint-Flour, trois : Saint-Flour, Murat et Chaudesaigues. L'Election d'Aurillac, quatre : Aurillac, Maurs, Laroquebrou et Montsalvy. L'Election de de Mauriac, trois : Mauriac, Salers et Pleaux. Outre ces localités qui portaient le nom de villes, chaque Election renfermait un nombre plus ou moins considérable de paroisses. Il y eut donc sept Assemblées d'Election.

La moitié des membres de chacune de ces assemblées furent choisis par l'Assemblée Provinciale déjà organisée et cette moitié choisit elle-même l'autre moitié ainsi que les procureurs-syndics et le secrétaire. Pour être élu, il fallait être membre d'une des Assemblées municipales, selon que le portait le règlement royal. Les Assemblées d'Elections de Clermont, Riom, Issoire, Brioude et Saint-Flour furent composées de vingt membres chacunes, moitié du clergé et de la noblesse, moitié du Tiers-Etat. Celles des Elections d'Aurillac et de Mauriac, de seize seulement. Tous étaient nommés pour trois ans. Le roi s'était réservé la nomination des Présidents.

Une fois complétées, les Assemblées d'Election tinrent leurs séances générales du 22 au 30 octobre 1787. Dans les séances, le clergé était à droite du Président, la noblesse à gauche, le Tiers-Etat en face. C'était l'usage.

Voici quels étaient les membres de chaque Election. Cette nomenclature, quoique un peu sèche, est pourtant intéressante, attendu qu'elle nous fait connaître les personnages les plus marquants de l'époque et les familles qui dominaient alors en Auvergne.

Les membres de l'Assemblée d'Election de Clermont étaient :

Pour le clergé :

— Antoine de Pons de La Grange, vicaire général de Clermont, plus tard évêque de Moulins, président. Mgr de Bonal avait été nommé président, mais l'état de sa santé ne lui avait pas permis d'accepter cette fonction.

— Denis de La Chassignole, doyen du chapitre de Vic-le-Comte.

— Joseph Ducroizet de Lyat, doyen du chapitre d'Orcival.

— M. de Mont-Champ, prieur-curé d'Auzelle.

— Antoine Mathias, curé d'Eglise-Neuve, plus tard député aux Etats-Généraux.

Pour la noblesse :

— Blaise d'Aurelle, comte de Champetière, seigneur de Domaize.

— Maximilien de Bosredont, comte de Bosredont, seigneur de Sugères.

— Louis-Gilbert de Siougeac, marquis de Laizer, seigneur de Montaigut-le-Blanc.

— Le comte d'Oradour, seigneur de Saint-Diéry, remplacé après démission, le 27 octobre 1787, par Bernard, comte de la Salle, seigneur de Chavigné.

— Jean-Baptiste Armand de Montmorin de Saint-Hérem, seigneur de la Barge.

Pour le Tiers Etat :

— Jean-Baptiste Gros-Sablon, échevin de Clermont.

— Jean Tiolier, avocat à Clermont.

— Joseph-Antoine Lasteyras, avocat, bailli de Billom.

— Henri Chandèze, avocat à Montaigut-le-Blanc.

— Gilbert-François Costel, avocat, lieutenant-général de la Prévôté d'Ardes.

— Jean Goyon de Francséjour, conseiller rapporteur du point d'honneur à Courpières.

— Charles Petit, notaire feudiste à Ravel.

— Charles-Antoine Guibal, notaire à Avèze, bailli de Tauves.

— Michel-Moulin Laborie, notaire, lieutenant de la ville de la Tour d'Auvergne.

— Claude-Etienne Téalier, avocat, juge à Olliergues.

Procureurs syndics :

— Aubier de la Monteilhe, chanoine de la cathédrale de Clermont pour le clergé et la noblesse.

— Huguet, avocat, maire de Billom, plus tard député aux Etats-Généraux pour le Tiers-Etat.

de Combronde, remplacé le 24 octobre, après décès, par Rigaud, seigneur de Pulvérières.

Pour le Tiers-État :

— Claude Redon, avocat à Riom, plus tard député aux États-Généraux.

— Claude-Antoine Fabry, seigneur de Cros, échevin de Thiers.

— Jean-Baptiste Gerzat, notaire à Ennezat.

— Jean Boudet, notaire à Maringues.

— Jean-François Delarfeuille, seigneur du Mas.

— Jean-Baptiste Conchon, notaire à Volvic.

— Jacques Gourberie, notaire à Thiers.

— Gilbert-Joseph Chacaton de Villobier, à Montaigut.

— Jean Tabazier, bailli de Chapdes-Beaufort.

— Charles-Alexandre Serciron de La Besse, seigneur de Condat.

Procureurs-syndics :

— Michel, comte de Peiroux, seigneur de Salmaigue, pour le clergé et la noblesse. — Cathol, avocat à Riom, pour le Tiers-État, remplacé par M. Feydit, conseiller du roi, à Riom. — Secrétaire : Etienne Hébrard.

Sous la présidence du marquis de Laqueuille, l'Assemblée de Riom se prononce énergiquement pour de promptes réformes dans la perception des impôts ; elle demande l'abolition du droit de marque sur les cuirs et la suppression de la douane de Vichy qui frappait de droits très onéreux les marchandises exportées de l'Auvergne. Elle signale à l'Assemblée provinciale le déboisement désastreux de la province, etc. L'abbé Ordinaire, de Capponi, Fabry et Gerzat offrirent de remplir leurs fonctions sans émolument, mais les autres membres n'acceptèrent pas cette généreuse proposition et il fut arrêté qu'on proposerait à l'Assemblée provinciale la somme de cinq cents livres pour traitement de chaque membre de l'Assemblée d'Election.

Les membres de l'Assemblée d'Election d'Issoire étaient :

Pour le clergé :

— Jean-Antoine de Massal, chanoine-comte de Brioude, syndic du chapitre.

— Benoit Grelet, chanoine de Saint-Quentin, chapelain du roi.

— Annet-Charles de Bourdeille, curé de Mailhat.

— De Vartamy, prieur des chanoines d'Arlane.

— Dom Jean-Baptiste Bohet, bénédictin de Saint-Maur, prieur de l'abbaye royale d'Issoire.

Pour la noblesse :

— Jean-Charles, comte de Laizer, président.

— François, comte de Combarel de Gibanel.

— Pierre-Louis du Patural, chevalier, seigneur de la Bresse.

— Jean-Joseph-Michel Mealiet de Fargues, chevalier honoraire de l'Ordre de Malte, capitaine de cavalerie.

— Michel-Denis de Pons de la Grange, chevalier.

Pour le Tiers-Etat :

— Féchet, avocat à Ambert.

— Antoine Christophe, lieutenant-général de la prévôté d'Usson.

— Girot, avocat en parlement.

— Cisterne, avocat en parlement.

— Claude Bravard de la Boisserie, négociant.

— Boyer, seigneur de Ribain, procureur en la Cour des aides de Clermont.

— Annet-Joseph Molin, ancien contrôleur des guerres.

— Vissac, notaire à Champagnac-le-Vieux.

— Laurent, officier municipal d'Issoire.

— Teyras.

Procureurs-syndics pour le clergé et la noblesse : le marquis de Fougère ; pour le Tiers-Etat : Col, avocat en parlement à Saint-Anthème. Secrétaire : Mathias, notaire royal.

Après la discussion sur les affaires du département ou Election, surgit un incident qu'il est bon de signaler. Il s'agissait de savoir qui devait payer les frais de l'Assemblée. Le président de Laizer prétendait que c'était le chef-lieu de l'Election. Le maire d'Issoire prétendait que toute l'Election devait y contribuer. L'affaire fut portée devant l'Intendant qui en informa le contrôleur général. Celui-ci répondit le 16 novembre 1783 : « Les dépenses, Monsieur, que peut exiger l'établissement des assemblées d'Election ne doivent point être à la charge des villes où se tiennent ces assemblées, mais de toute l'Election. »

Nous voici arrivés à Brioude : nous n'avons aucun renseignement sur l'assemblée de cette Election. Voici les membres connus.

Pour le clergé :

— Dom Castaigne, prieur de la Chaise-Dieu.

— Faurier, prieur de Pébrac.

— De Bourdeilles, chanoine comte de Brioude, doyen du chapitre.

Pour la noblesse :

— Le vicomte de Montchal, président.

— Le comte de Lormet.

— Le comte d'Espinchal.

Pour le Tiers-Etat :

— Guezffier de Longpré.

— De Rozière, avocat à Langeac.

— Branche, père, notaire à Paulhaguet.

— Prieur, avocat à Blesle.

— Chazal.

Procureurs syndics : le marquis de Saint-Poncy, pour le clergé et la noblesse.

— De Vauzelles, avocat à Brioude, pour le Tiers-Etat.

Election de Saint-Flour, membres connus :

Pour le clergé :

— Mgr de Ruffo, évêque de Saint-Flour, président.

— Teillard, vicaire-général.

— Podevigne, prêtre à Saint-Urcize.

Pour la noblesse :

— Le marquis de Castellas, seigneur de Vernières, de Nussargues, etc.

— Le comte de Rochelambert.

— Le baron de Rochebrune.

Pour le Tiers-Etat :

— Borel de Montchauvel, lieutenant du maire de Saint-Flour.

— De Villas, avocat à Pierrefort, plus tard député aux Etats-Généraux.

— Peuvergne, négociant à Allanche.

— Monteil de La Grefouille.

Procureurs-syndics : l'abbé Vayron, vicaire-général de Saint-Flour, pour le clergé et la noblesse. — Daude, avocat à Saint-Flour, pour le Tiers-Etat. — Secrétaire : Bertrand, de Saint-Flour.

Une lettre de M. des Ternes, qui sans doute était membre de l'Assemblée, écrite à M. de Chazerat, l'Intendant d'Auvergne, nous donne quelques renseignements sur cette Assemblée d'Election.

« Saint-Flour ce 27 octobre 1787. — Monseigneur, Notre Assemblée d'Election s'est tenue le 22, 23 et 24 de ce mois. Elle a été très tranquille et plus que dans les Elections voisines, suivant ce qui m'a été dit. Notre évêque n'y porte pas les prétentions des autres présidents et il y donne l'exemple de l'honnêteté et de la douceur. Les délibérations ont porté principalement sur la fixation des honoraires et gages des syndics, des membres de la commission intermédiaire, greffier, commis-greffier, concierge, réparations à faire au local, puis aux Jacobins pour tenir les assemblées, au loyer de ce local, etc. On a beaucoup parlé des chemins : Les autres affaires qui ont été traitées dans cette assemblée sont de si petite conséquence que je crois inutile d'en parler... DES TERNES. »

L'Assemblée d'Election de Saint-Flour s'occupa de impôts et sa commission intermédiaire rédigea un mémoire à ce sujet qui fut présenté à l'Assemblée provinciale, laquelle le trouva digne d'être imprimé dans le procès-verbal de ses séances. Je l'y trouve, en effet, à la page 264 et suivantes, signé : Bertrand, secrétaire-greffier.

Ce mémoire, sur les réformes à faire dans le recouvrement des impôts, est divisé en deux parties :

Dans la première, il expose l'état actuel des impôts dans l'Election de Saint-Flour composée de 22 paroisses et les abus qui règnent dans le recouvrement de ces impôts. Les diverses impositions de cette partie de la Haute-Auvergne s'élevaient à un million quatre-vingt mille cent quatre-vingt-dix-neuf livres, et pour en faire le recouvrement, on employait annuellement 303 collecteurs auxquels le roi accordait six deniers par livre sur la taille et quatre deniers sur les autres impositions, ce qui donnait un total de 21,421 livres. Parmi ces collecteurs, on ne comptait pas le receveur particulier de l'Election, ni le receveur général de la province. On y comptait plusieurs femmes qu'on était obligé de prendre faute d'hommes dans certains villages pour faire la collecte, ce qui était un abus criant.

Dans la seconde partie du mémoire, le bureau intermédiaire propose un plan de réformes qui consistait à réduire les 303 collecteurs à 23, lesquels feraient la perception dans l'Election divisée en 23 districts, ce qui serait une économie et apporterait une plus grande régularité dans la perception des impôts. L'Assemblée provinciale accepta d'autant plus volontiers ce plan que les assemblées de Riom et d'Aurillac lui en avaient proposé un à peu près semblable. Elle décida donc que l'on proposerait au conseil du roi d'autoriser les assemblées d'Election à diminuer, chacune dans son ressort, le nombre des collecteurs.

Mais ces plans de réforme, comme toutes choses, furent emportés par la Révolution.

Les membres connus de l'assemblée d'Election d'Aurillac sont :

— Le vicomte de Peyronnencq, président.

— Leygonies de Pruns.

— Le comte de Gain de Montaignac.

— Le comte de Beauclair.

— Pagès des Huttes, ancien capitoul, maire de Vic-sur-Cère.

— Prince, officier municipal à Aurillac.

— Delzons, d'Aurillac.

Procureurs-syndics: l'abbé de Cambefort, pour le clergé et la noblesse.

Devèze pour le Tiers-Etat.

Nous avons déjà dit que les Elections d'Aurillac et de Mauriac n'avaient chacune que seize membres.

Voici les seize membres de l'Assemblée de Mauriac :

Pour le clergé :

— L'abbé Collinet de la Bau, doyen du chapitre de Saint-Chamant.

— Gabriel Ronnat, curé de Mauriac.

— D'Anglards, curé de Saint-Martin-Cantalès.

— Jacques-Sébastien de Bardet de Burc, curé de Saint-Paul de Salers.

Pour la noblesse :

— Le comte Paul d'Anglard de Bassignac, baron

de Bransac, membre de l'Assemblée provinciale, président.

— De Fontanges, baron de Couzans.
— De La Tour de Saint-Vincent, chevalier.
— Le comte de Sartiges, de Sourniac.

Pour le Tiers-Etat :

— Lescurier, lieutenant général au bailliage de Salers.
— Dapeyron de Chezssiol, avocat à Pleaux.
— Raymond Tautal, avocat à Menet.
— Ternat, bourgeois à Mauriac.
— Lescurier de Fournols, bourgeois à Anglard.
— Fénolhat de Prades, notaire à Trizac.
— Périer de Lavergne, notaire à Ostenac.
— Delalo, bourgeois à Mauriac.

Procureurs-syndics : le baron de Chazelles de Courdes, pour le clergé et la noblesse ; Jean-Baptiste Lacoste, avocat à Mauriac, plus tard député à la convention, pour le Tiers-Etat. — Secrétaire : Joseph Forestier de Meallet.

Lorsque Jean-Baptiste Lacoste fut élu procureur-syndic, plusieurs nombres protestèrent contre cette nomination, entre autres M. de Sartiges, qui signa ainsi le compte-rendu de la séance : « Sartiges, sans approuver la nomination du sieur Lacoste, me réservant d'en référer à l'Assemblée provinciale. » Le différend fut, en effet, porté devant l'Assemblée provinciale qui improuva la protestation de M. de Sartiges comme *irrégulière*. C'était le commencement de la lutte des démagogues contre la noblesse.

Les membres élus par l'Assemblée de Mauriac pour composer le bureau ou commission intermédiaire qui devait gérer les affaires dans l'intervalle des réunions, furent : M. de Labeau, le comte de Sartiges, Lescurier, et Dapeyron, avec les deux syndics et le secrétaire.

Tels sont les membres et l'organisation des sept Assemblées d'Election d'Auvergne. Disons un mot de leurs travaux.

Chaque assemblée était divisée en quatre bureaux et chaque bureau avait ses matières particulières à traiter.

Le premier bureau s'occupait du règlement de l'Assemblée et de la comptabilité ou frais qu'elle occasionnait ; le second, des impôts ; le troisième des ponts et chaussées, routes, canaux, constructions, etc. ; le quatrième, du bien public : commerce, agriculture, industrie, etc.

Les procureurs-syndics étaient chargés de faire des rapports sur les diverses matières ; ces rapports étaient lus dans les séances de l'assemblée, discutés dans les bureaux, puis approuvés ou rejetés par l'assemblée. On émettait des vœux, on signalait les abus, on constatait les réformes à faire et on en référait à l'Assemblée provinciale qui tranchait les questions.

La première session des Assemblées d'Election produisit peu de résultats ; les matières n'avaient pas été préparées, rien n'avait été prévu, ce fut une session d'apprentissage.

Les Assemblées ayant clos leurs séances, les commissions intermédiaires entrèrent en fonctions. Chacune était composée des deux procureurs-syndics, du secrétaire et de quatre membres de l'Assemblée : deux du Tiers-Etat, un du clergé, un de la noblesse. Ces commissions étaient chargées de veiller à l'exécution des mesures prises par les Assemblées et de régler les affaires courantes jusqu'à la session de l'année suivante.

En 1788, au mois d'octobre, les assemblées d'Election ou département tinrent leurs séances comme l'année précédente, s'occupèrent des impôts, des routes, du commerce, de l'agriculture, du bien public, etc., avec une admirable ardeur.

Le 10 octobre 1788, l'abbé de Pons de La Grange, président de l'assemblée de Clermont, ouvrait les séances par le discours suivant, qui témoigne du mouvement qui existait et dans les idées et dans les faits à cette époque :

« Messieurs, quel est donc cet intérêt puissant qui fait mouvoir tant de personnes aux dépens de leur fortune et de leur tranquillité ? Quelle est cette nation, dont le goût raffiné pour les plaisirs et l'esprit exercé aux arts les plus frivoles, changent si subitement et se portent avec la même ardeur et la même aisance aux affaires les plus sérieuses..... La France, agitée au dedans par les mouvements les plus convulsifs, effrayée au dehors par les puissances rivales, se réveille de son assoupissement, envisage le danger dont elle est menacée, mais ne s'en étonne pas. Elle sonde avec courage la profondeur de ses plaies, en étudie l'origine, en suit les progrès... C'est, Messieurs, dans cette situation critique qu'il est glorieux à vous de venir payer le tribut de vos veilles et de votre sollicitude, pour ramener le bonheur dans votre patrie et particulièrement dans la province qui vous a vu naitre... (1) »

Le rapport des procureurs-syndics rendant compte de leur gestion commence ainsi : « Messieurs, lorsque dans la première de vos Assemblées, vous présumâtes assez de nos forces, pour nous rendre les agents du bien que cette utile institution doit produire dans la première et la plus considérable des Elections de cette Province, le patriotisme, ce sentiment généreux qui élève l'homme au dessus de lui-même, exalta nos âmes de manière à nous empêcher

(1) Procès-verbal de l'Assemblée du département de Clermont, p. 5.

de calculer les difficultés du travail auquel nous nous sacrifions (1)... »

Dans le même rapport, les procureurs-syndics signalent un fait qui est une nouvelle preuve de la sollicitude du gouvernement et de la charité des particuliers pour les malheureux.

« Nous ne pouvons pas, Messieurs, disent-ils, nous dispenser de vous parler de l'orage qui, dans la nuit du 4 au 5 juillet, a ravagé une partie de cette Province. Nous ne chercherons pas à vous effrayer par la peinture de ce désastre dont, dans notre département (Election) les collectes (2) d'Ardes, d'Apchat, de Rozentières, de Fromental, de Mazoire, de Madriat et d'Augnat ont essuyé les effets les plus terribles. Il est cependant de notre devoir de ne pas vous laisser ignorer que dans ces malheureuses collectes, la désolation, le désespoir ont été portés au point d'y faire craindre une émigration dans la classe des cultivateurs.

« Mais s'il est triste d'avoir à mettre sous vos yeux un spectacle si affligeant, il est en même temps bien consolant pour nous comme pour toute âme sensible d'avoir à vous annoncer que quelques secours, faibles

---

(1) Procès-verbal de l'Assemblée d'Election de Clermont, p. 8.

(2) On appelait *collecte* le territoire assigné à chaque percepteur des impôts. Ces collectes renfermaient quelquefois plusieurs paroisses.

à la vérité, mais précieux dans la circonstance, ont volé au devant des besoins de ces malheureux habitants.

« Le roi a commencé par donner un si bel exemple ; il a disposé en faveur des paroisses écrasées en Auvergne par la grêle, d'une somme de vingt-quatre mille livres, qui a dû être distribuée aux habitants les plus malheureux pour leur procurer les grains nécessaires pour ensemencer leurs terres. Les collectes de notre département (1) qui étaient dans le cas de réclamer ce secours ont obtenu dans cette distribution une somme de cinq mille vingt livres. Le Prélat bienfaisant, qui gouverne ce diocèse, était occupé à soutenir les droits de la nation au moment où cet incident est arrivé : tous ses moments étaient absorbés par la discussion des grands intérêts qui étaient alors traités dans l'Assemblée du clergé. Mais il ne perdait pas de vue, malgré ses occupations, les paroisses de son diocèse qui avaient besoin d'un secours pressant. Il a envoyé une somme de six mille livres au distributeur de ses charités, et dans la distribution de cette somme les sept collectes de notre département doivent avoir une somme de deux mille deux cent vingt-deux livres.

« Elles ont encore des espérances à avoir, sans y

---

(1) En 1783 on disait indistinctement *Élection* ou *Département*.

comprendre le moins imposé tant sur les fonds que doit produire la loterie de bienfaisance que sur les charités que la commission intermédiaire fait solliciter, soit dans la Province, soit à Paris (1). »

La question de l'égalité de l'impôt avait fait de grands progrès. Dans les assemblées d'Election, plusieurs membres de la noblesse et du clergé l'avaient déjà proposée avec empressement.

« Comme ils seront dédommagés, s'écrie M. de Laqueuille dans l'assemblée de Riom, de ce qu'ils pourraient perdre du côté de l'intérêt par la reconnaissance qu'ils obtiendront... Car si la différence des ordres est nécessaire pour constituer une monarchie, la réunion peut seule en faire la force (2). »

Les assemblées ayant clos leurs séances, les commissions intermédiaires reprirent en main la gestion des affaires dans chaque Election. Quelques mois plus tard les Etats-Généraux étaient convoqués.

(1) Procès verbal de l'Assemblée de Clermont en octobre 1788, pag. 42.

(2) Procès-verbal de l'Assemblée de Riom, en 1788.

CHAPITRE V

Assemblée provinciale. — Ses premières séances. — Divers impôts. — Fonds accordés par le roi a la province d'Auvergne. — État des routes de la province.

Pendant que les Assemblées municipales dans les paroisses, et les Assemblées d'Election dans les Elections, s'organisaient, se réunissaient et agitaient les questions d'intérêt local, l'Assemblée provinciale de son côté s'organisait aussi, se réunissait et agitait les questions d'intérêt général.

Il avait été statué par le règlement royal que le roi nommerait vingt-quatre membres de l'Assemblée provinciale et que ces vingt-quatre choisiraient vingt-quatre autres membres, ce qui porterait le nombre des députés à quarante-huit, chiffre total de l'Assemblée provinciale d'Auvergne ; c'est ce qui eut lieu en effet.

Le 14 août 1787, les vingt-quatre membres nommés par le roi se réunirent en assemblée préliminaire dans la salle du collège de Clermont, sous la présidence du vicomte Montagu de Beaune. Cette assemblée se compléta en choisissant vingt-quatre autres membres, deux procureurs-syndics et un secrétaire.

Les procureurs-syndics étaient chargés d'étudier les matières qui devaient être l'objet des délibérations de l'Assemblée provinciale. Ils avaient voix consultative mais non délibérative.

L'assemblée préliminaire provinciale nomma encore une commission composée de six membres pris dans son sein, des deux procureurs-syndics et du secrétaire. Cette commission intermédiaire devait gérer, dans l'intervalle d'une session à l'autre, les affaires publiques de la Province et surveiller l'exécution des décisions de l'assemblée.

Quand l'assemblée préliminaire se fut séparée, la commission intermédiaire entra en fonction ; elle se mit au courant des affaires et prépara les rapports sur les matières que l'assemblée devait discuter à sa prochaine réunion.

La première réunion des membres de l'Assemblée provinciale eut lieu le 8 novembre 1787, dans la grande salle du collège royal de Clermont. Voici l'intéressante liste des hommes des trois Ordres qui composaient cette solennelle Assemblée.

— Nicolas de La Mousse, vicaire-général de Clermont et chanoine de Marieugeols.

François de Riolz, trésorier de la Sainte-Chapelle à Riom, remplacé à la séance du 13 novembre 1787, par Claude-Nicolas Ordinaire, chanoine de Saint-Amable de Riom, membre de l'Assemblée d'Election de Riom.

— L'abbé de Murat, abbé commandataire du monastère bénédictin de Mauriac, aumônier de Madame, remplacé le 13 novembre 1787, après décès, par Jacques-Sébastien de Bardet de Burc, curé de Saint-Paul de Salers.

Noblesse :

— Joachim-Charles de Montagu de Beaune, président, que nous avons déjà nommé.

— Paul d'Anglard de Bassignac, baron de Branzac Fontanges, etc., lieutenant des maréchaux de France, membre de l'Assemblée d'Election de Mauriac.

— Jean-Gaspard de Cassaigne de Beaufort, marquis de Miramon, seigneur de Bezon, Pauliac et autres lieux.

— Gilbert-François de la Rochelambert, seigneur de Beaussée, Vinzelles, Usson et autres places.

— Gilbert-François, marquis de Capponi, seigneur de Combronde, etc., membre de l'Assemblée de l'Election de Riom.

— Jean-Baptiste, comte de Mascon, seigneur de Ludesse, plus tard député aux Etats-Généraux.

— Jean, comte de Dienne, de Sainte-Eustache, seigneur de Moissat et de Saint-Eustache.

— Jean-Baptiste de Laqueuille, marquis de Châteaugay, président de l'Assemblée d'Election de Riom, plus tard député aux Etats-Généraux.

— Jean Thomas, comte d'Espinchal, seigneur de Massiac, membre de l'Assemblée d'Election de Brioude.

— Charles-Philibert-Marie-Gaston de Lévis, marquis de Mirepoix, seigneur de Dienne, Cheylades et autres lieux.

— Marie-Paul-Joseph-Roch-Gilbert de Motier marquis de La Fayette, seigneur de Chavaniac, Vissac, etc., maréchal de camp des armées du roi, major général au service des Etats-Unis d'Amérique, plus tard député aux Etats-Généraux.

— Louis, comte de La Rochette, seigneur d'Auger.

Tiers-Etat :

— Antoine Brunel, doyen des conseillers de la Sénéchaussée de Clermont.

— François Leygonies de Pruns, écuyer, seigneur de Pruns, chevalier de l'ordre royal et militaire de saint Louis, capitaine au régiment du roi Dragons, maire perpétuel de la ville d'Aurillac, membre de l'Assemblée d'Election d'Aurillac.

— Gaspard-Claude-François de Chabrol, écuyer, lieutenant-criminel au présidial de Riom.

— Pierre Coutel, premier échevin à Saint-Flour.

— Joseph Daude, avocat du roi au bailliage de Saint-Flour.

— Marcelin Bayet, avocat du roi en la prévôté d'Issoire.

— Etienne de Benoit de Barente, écuyer, maire de Maringues.

— François Teillard, prévôt de Murat et procureur du roi et de la municipalité de cette ville.

— Antoine Rongier, négociant à Clermont.

— Gilbert Riberolles des Martinanches, écuyer, négociant à Thiers.

— Robert Hérault, rebouteur, propriétaire au Crest.

— Léon Bec-Dutreuil, avocat en parlement à Brioude.

— Jean-Baptiste Lacoste, avocat en parlement à Mauriac, procureur syndic de l'Assemblée d'Election à Mauriac; plus tard député à la Convention.

— Henri-Zacharie Couhert-Duvernet, avocat bailli de Viverols.

— Gui-François Perret, négociant à Aurillac, remplacé, après démission, le 13 novembre 1787, par Jean-Baptiste Perret, conseiller au bailliage et siège présidial d'Aurillac.

— Maurice Branche, avocat à Pauliaguet.

— Jean-Baptiste Chaumette Despradeaux, avocat.

— Joseph-Louis Jaffeux, bailli de Pont-du-Château.

— Joseph Durant Breschet de Vedrine, avocat à à Chaudesaigues.

— Jean-Baptiste Vimal-Céleyron, négociant à Ambert.

— Barthélemy Romeuf, bailli de la Voûte-Chiliac.

— Joseph-François Salvage de Clavières, ingénieur, capitaine au corps royal du génie.

— Grangier, bailli d'Alègres, remplacé après démission par Chazal de Saint-Paulien, le 13 novembre 1787.

— Pierre Rochette, chevalier conseiller du roi, maire de la ville de Riom, remplacé après démission par Pierre-Etienne Archon d'Esperouse, lieutenant du maire de la ville de Riom.

Procureurs-syndics :

Hugue, comte de Lastic, seigneur de Lescure, pour le clergé et la noblesse.

— Louis-Anne Reboul, écuyer, seigneur de Villar, maire de Clermont, pour le Tiers-Etat.

Secrétaire :

Jean-Baptiste Grenier, avocat, plus tard député aux Etats-Généraux.

La première séance de cette importante Assemblée

où nous ne voyons que de hauts dignitaires ecclésiastiques, des nobles de la plus antique race et les sommités du Tiers-Etat, fut consacrée, après que chacun eut pris sa place, à constater les absences des députés, non encore arrivés, à vérifier les lettres de convocation adressées à chacun d'eux par le président, M. de Beaune, et à déterminer l'ordre des séances.

Le lendemain, vendredi 9 novembre, l'Assemblée étant réunie, MM. les députés se sont mis en marche, deux à deux, précédés des officiers de l'administration et de M. le vicomte de Beaune, président; Messieurs de l'ordre ecclésiastique tenant la droite, Messieurs de l'ordre de la noblesse tenant la gauche, et Messieurs du Tiers-Etat après eux, de part et d'autre. On a marché dans cet ordre jusqu'à l'église cathédrale. L'Assemblée a été reçue à la porte collatérale de cette église, par deux de Messieurs les chanoines en habit de chœur, et deux vicaires de l'église lui ont présenté l'eau bénite.

Tous Messieurs de l'Assemblée, étant entrés dans le chœur par la grande porte, ont pris place dans le sanctuaire; et Mgr l'Evêque de Saint-Flour a occupé dans le chœur une stalle préparée à cet effet. Après la messe, qui a été célébrée par Mgr l'Evêque de Clermont, MM. les députés sont sortis par la même porte et dans le même ordre qu'ils étaient entrés, et sont retournés à la salle des séances.

Arrivés dans cette salle, M. l'abbé Micolon, le marquis de Capponi, Brunel et de Benoist, ont été députés vers Mᵍʳ l'évêque de Clermont, pour le remercier au nom de l'Assemblée d'avoir bien voulu célébrer le messe (1). »

Séance du 10 novembre : Vérification de quelques lettres de convocation; dimanche, pas de séance; lundi 12 novembre, ouverture solennelle de l'Assemblée provinciale faite par l'Intendant d'Auvergne, M. de Chazerat, nommé par le roi commissaire à cet effet. Faire l'ouverture et la clôture de l'Assemblée provinciale, lui transmettre les ordres du roi, lui fournir tous les renseignements nécessaires pour ses délibérations, maintenir l'Assemblée dans les termes du règlement, servir d'intermédiaire entre elle et le gouvernement, telles étaient les fonctions de l'Intendant auprès de l'Assemblée provinciale.

M. de Chazerat, s'étant donc rendu au lieu des séances, après avoir dit qu'il apportait le règlement de l'Assemblée fait par le roi, et des instructions sur la manière d'observer ce règlement, ajouta : « Je me bornerai, Messieurs, à faire connaître les intentions de Sa Majesté; c'est dans votre zèle pour son service inséparable du bonheur de ses peuples, que vous devez peser les véritables intérêts de la province; vos

---

(1) Procès-verbal de l'Assemblée provinciale.

résolutions sur ce point essentiel doivent être le résultat d'un examen approfondi.

« Vous êtes au moment de répondre à la confiance du roi et de réaliser l'espoir des peuples ; établir une juste répartition dans les impôts, protéger leur recouvrement, en écarter les vexations, n'admettre dans la distribution des grâces du prince d'autre faveur que celle qu'inspirent et méritent les malheurs ou les besoins : entretenir, perfectionner les grandes routes, ouvrir de nouvelles communications, encourager l'agriculture, favoriser le commerce, animer l'industrie, apporter une économie scrupuleuse, mais éclairée, dans toutes les parties ; améliorer les revenus en allégeant, s'il est possible, la charge publique : tels sont les objets soumis à votre administration et les fruits qu'on en attend. Cette tâche est grande, importante : vous ne vous en êtes sûrement pas dissimulé les difficultés ; mais votre zèle vous rendra cette carrière moins pénible que glorieuse.

« Pour moi, Messieurs, qui connais l'étendue de vos talents et de vos lumières, je ne doute pas que le succès ne réponde à vos désirs, et partageant déjà la reconnaissance que vous devra la Province à laquelle je suis attaché par tant de liens, je me félicite de n'avoir désormais à porter au pied du trône que les justes remercîments de cette Généralité, qui seront sans doute le plus touchant des travaux que vous consacrez à son bonheur. »

M. le président a répondu :

« Monsieur,

« Les fonctions que le roi a bien voulu nous confier, lors de la formation de cette Assemblée, et celles que Sa Majesté se plaît encore à y ajouter dans ce moment, sont assurément pour nous des sources inépuisables de zèle et de patriotisme; mais sans l'espoir de voir régner la plus parfaite union entre vous, Monsieur, et cette Assemblée, nous envisagerions avec crainte l'importance et l'étendue de cette tâche dont Sa Majesté nous honore.

« La connaissance parfaite que vous avez de la force et des charges, des besoins et des ressources de cette Province, la réputation que vous vous y êtes si justement acquise depuis que l'administration vous en est confiée, tout nous prouve, Monsieur, que nous ne pouvons désirer mieux que de vous imiter, profiter de vos conseils et devenir, conjointement avec vous, les conservateurs des intérêts du roi et les soutiens de ceux de nos compatriotes.

« La lecture qui a été faite à cette Assemblée des instructions du roi, sur les objets de ses délibérations, n'a fait qu'accroître notre reconnaissance pour les bontés continuelles de Sa Majesté; et pleins de respect pour ses ordres, nous allons commencer dès aujourd'hui à les mettre à exécution.

« Puissions-nous, Monsieur, par de nouveaux efforts, et à l'aide de vos lumières, parvenir au véritable but de notre constitution, celui de remplir entièrement la volonté paternelle du roi, et d'en faire sentir les effets à cette Province, dont le bonheur nous devient personnel. »

Après ces discours, l'Intendant se retira et la séance fut levée.

Le 13 novembre, l'Assemblée procéda au remplacement de ses membres morts ou démissionnaires. M. l'abbé Ordinaire, chanoine de Saint-Amable de Riom, fut élu pour remplacer M. l'abbé de Riolz, décédé; M. Archon d'Espérouse, lieutenant du maire de Riom, pour remplacer M. Rochette, démissionnaire; Chazal, de Saint-Paulien, pour remplacer Grangier, bailli d'Allègre, démissionnaire; Jacques-Sébastien de Bardet de Burc, curé de Saint-Paul de Salers, pour remplacer l'abbé de Murat, décédé.

Dans la même séance, l'Assemblée s'adjoignit un conseil judiciaire chargé d'examiner les contestations qui pourraient s'élever; son choix se porta sur Bergier, plus tard député au Conseil des Cinq Cents, sur Gauthier de Biauzat, plus tard député aux Etats-

Généraux, et Georges Couthon, le futur conventionnel, tous trois avocats à Clermont.

Après ces élections, l'Assemblée se subdivise en quatre bureaux : *Impôt, Comptabilité, Ponts et Chaussées, Bien Public,* composés chacun de douze membres : trois du clergé, trois de la noblesse, et six du Tiers-Etat. Puis M. Reboul, l'un des procureurs-syndics, fait part à l'Assemblée des renseignements sur les impôts, fournis par l'Intendant. Il commence ainsi son rapport :

« Messieurs, notre premier devoir auprès de vous, celui que les sentiments de nos cœurs nous inspirent, c'est l'effusion de la vénération, du respect et de la reconnaissance dont nous sommes pénétrés pour cette auguste Assemblée... Nous désirerions pouvoir réunir tout le zèle patriotique, toutes les lumières qui forment l'ensemble de cette auguste Assemblée pour en caractériser les traits. C'est à l'aide d'un tel pinceau que nous aurions la satisfaction d'exprimer nos hommages à l'illustre chef de cette Assemblée, protecteur fidèle de cette province, par succession, et qui, à l'exemple de ses aïeux, réunit au choix du roi les vœux de la patrie. Nous tracerions les traits d'admiration, d'aménité et de lumières du respectable prélat que vous avez auprès de vous ; dans ce moment même, nous témoignerions nos regrets d'être privés de la présence de l'illustre prélat qui gouverne si sagement ce diocèse ; nous joindrions à nos regrets le motif obligeant d'une mauvaise santé qui nous prive de ses lumières. Puissent les vœux de ses diocésains, dont il est infiniment chéri et respecté, être exaucés ; c'est avec le même pinceau que nous formerions les traits de notre vénération pour MM. les députés de l'Ordre du clergé des deux diocèses de cette Province, l'exemple de la religion et des mœurs ; nous suivrions les mêmes traits à l'égard de notre illustre noblesse, modèle de l'héroïsme et du patriotisme ; enfin nous retracerions les vertus sociales et les talents pour l'administration qui distinguent MM. les députés du Tiers-Etat.

« Nous parlerions aussi des lumières de M. le commissaire du roi (Chazerat) qui, comme vous le savez, réunit à l'admirable qualité d'homme d'Etat et de vrai citoyen, les sentiments les plus purs et une sagacité peu commune ; il fait honneur à cette ville, sa patrie ; son zèle associé au vôtre va devenir une alliance digne de vous et de lui, pour le bonheur de cette province. »

Après ce préambule, M. Reboul entre dans de longs détails sur les impôts payés par la province d'Auvergne. Mais avant d'analyser ce document, il est utile de donner quelques notions sur les contributions publiques avant la Révolution.

Il y avait autrefois plusieurs impôts :

— La taille était une somme d'argent perçue sur les sujets du roi en proportion de leurs biens et de leurs revenus, pour soutenir les charges de l'Etat. L'importance du revenu était déterminée approximativement par les élus et collecteurs, eu égard non aux biens-fonds, puisque l'Auvergne n'était pas cadastrée, mais au nombre des bêtes de travail, des outils, des charrues et aussi au revenu que retirait le contribuable de son travail et de son industrie. A l'origine, la taille avait été établie pour payer les troupes réglées, et comme la noblesse faisait elle-même le service militaire, elle avait été déclarée exempte de la taille. Les nobles, pourtant, payaient la taille pour certains biens. Il y avait les biens nobles et les biens roturiers. Les biens nobles n'étaient pas taillables. Mais lorsqu'un noble acquérait un bien roturier, ce noble était obligé de payer la taille de ce bien roturier. Comme aussi les roturiers qui achetaient ou affermaient des biens nobles ne payaient pas pour ces biens nobles. Ne payaient pas la taille, les ecclésiastiques, les nobles, les anoblis, les officiers des Cours souveraines, les secrétaires du roi, les officiers des Maisons royales, les officiers des Sièges présidiaux, des Sénéchaussées, des Prévôtés, des Vicomtés, des Eaux et Forêts, des Elections, des Greniers à sel, et de toutes les autres justices royales du royaume, les vétérans, de plus ceux qui avaient douze enfants (1).

— Accessoires de la taille : On donnait ce nom à certaines sommes ou impositions ajoutées à la taille et qui n'étaient que passagères, à durée limitée, créées dans des circonstances exceptionnelles, dans un besoin pressant comme la solde d'un convoi militaire, la construction d'un pont, d'un canal, etc. Ces impôts temporaires finirent par devenir perpétuels, de sorte qu'il y avait régulièrement deux brevets ou budgets : celui de la taille proprement dite et celui des accessoires ou budget additionnel.

— Vingtième : Cet impôt, établi en 1710, était le vingtième des revenus de toute nature, des terres, des maisons, des usines, des charges, des octrois, des revenus du clergé et de la noblesse, des roturiers et privilégiés. Chaque particulier devait faire la déclaration de ses revenus. Dans les années qui précédèrent la Révolution, en percevait deux vingtièmes, c'est-à-dire, deux parts sur vingt parts. Le clergé et la noblesse payaient cet impôt.

— La *capitation* était un impôt qui se faisait par tête, par personne, dans les pressants besoins de l'Etat. De passagère elle était devenue perpétuelle. On avait divisé les habitants du royaume en vingt-

(1) *Dictionnaire de Droit*, par Ferrière. Art. *Taille*.

deux classes. Chaque citoyen de la première classe était taxé à deux mille livres et ceux de la dernière à vingt sols. Plus tard, on divisa la capitation en deux : celle des taillables qui fut réglée et fixée au marc la livre de la taille, et celle des privilégiés qui était la plus élevée. La noblesse et le clergé payaient cette imposition. En 1710, le clergé, pour éviter l'embarras de payer chaque année, paya d'une fois pour plusieurs années ; des particuliers prirent ce mode de paiement.

Etaient exempts de la capitation, les pauvres et les infirmes qui ne pouvaient gagner leur vie, les femmes demeurant avec leurs maris et n'exerçant aucun état, les enfants ayant père et mère, et les étrangers qui n'avaient pas six mois de domicile en France (1).

— Le don gratuit était, à l'origine, une somme considérable que le clergé donnait volontairement au roi dans les temps difficiles. Plus tard, ce don volontaire devint obligatoire. « Le don gratuit, dit Ferrière, est de douze ou quinze millions selon les conjectures. » Plus tard il fut augmenté.

— L'abonnement : Pour avoir quelque chose de positif et de stable dans les paiements de certaines redevances, des particuliers, des villes prenaient un

---

(1) *Dictionnaire de Droit.* Art. *Capitation.*

abonnement, c'est-à-dire s'engageaient à payer une somme fixe chaque année. Peu à peu on imposa de nouveau les redevances, et pourtant les abonnements restèrent et devinrent un impôt régulier.

— Les aides. « Aides, dit Ferrière, se prend pour les deniers que le roi lève sur les marchandises. Les aides se payent par toutes sortes de personnes, privilégiées ou non. »

— La Gabelle était un impôt sur le sel. La vente du sel était faite uniquement par les fermiers ou les officiers du roi qui avaient des salines ou greniers à sel. Plusieurs provinces, moyennant une somme considérable, s'étaient délivrées de l'impôt du sel. On les appelait pays rédimés. L'Auvergne était de ce nombre.

« Personne n'est exempt du droit de gabelle, dit Ferrière, sans excepter les gentilhommes, ni les gens d'Eglise. »

— Les décimes. « Les décimes, dit Ferrière, sont des subventions ordinaires qui se lèvent par le roi sur le clergé et dont la taxe est faite sur tous ceux qui le composent. On les appelle ainsi comme étant la dixième partie du revenu des biens ecclésiastiques ; toutefois elles sont modérées à moins. Les décimes, que le roi lève sur les ecclésiastiques de son royaume, sont bien différentes des dîmes qui se prennent par les ecclésiastiques sur les fruits de la terre et quelquefois sur le bétail et sur la volaille. Autrefois les décimes ne se prenaient que de temps en temps, mais sous François Ier elles furent réduites en droit commun en sorte que tous les bénéfices du royaume furent taxés au dixième de leur revenu. Henri II créa des receveurs des décimes dans presque chaque ville des archevêchés et évêchés du royaume. »

— La corvée : C'était un droit en vertu duquel le seigneur et le roi pouvaient obliger leurs sujets à employer un certain nombre de journées de travail à leur profit, comme d'aller faucher ou faner les foins, scier les blés, réparer les routes, etc. Il y avait deux sortes de corvées, les réelles et les personnelles. Les réelles étaient celles qui étaient dues par la propriété, quel qu'en fût le propriétaire ; les personnelles, c'étaient celles qui étaient dues par les habitants, abstraction faite des propriétés. « Les gentilshommes, dit Ferrière, sont exempts des corvées personnelles aussi bien que les ecclésiastiques, mais les uns et les autres sont sujets aux corvées réelles, parce que ce sont les héritages qui les doivent, mais ils peuvent les faire faire par un tiers. » En 1787, la corvée fut définitivement abolie.

Aujourd'hui, elle existe sous le nom de prestation. Seulement les prestations ne sont pas faites au profit d'un particulier, mais pour le bien général.

— Dîme : La dîme est une portion minime des

biens de la terre prélevée sur certains particuliers et destinée à la subsistance du curé et à l'entretien du culte. Ainsi, sur dix gerbes de blé, le décimateur en prenait une, sur cent il en prenait dix. Et même dans peu de localités on prenait la onzième gerbe; c'était la douzième, la treizième. « En Bourgogne, dit d'Avenei, la dîme est au quinzième; dans le bailliage de Sens, au seizième. En Provence, en Dauphiné, en Touraine, elle ne se paye qu'à la vingtième ou à la vingt-cinquième gerbe. En Champagne, elle n'atteint pas une gerbe sur trente. En Poitou, en Angoumois, en Saintonge, une déclaration royale la fixe au cinquantième. » La dîme suivait les variations de la récolte. Quand le cultivateur ne récoltait pas de gerbes, le décimateur n'en prenait pas. Aujourd'hui on ne paie pas la dîme au curé de la paroisse, mais au gouvernement. Au lieu de donner une gerbe sur dix, sur vingt, sur trente, ce qui ne demandait pas un long travail, l'agriculteur est obligé de battre ses gerbes, de transporter les grains au marché, de les vendre et d'en porter le prix au percepteur, ce qui est plus compliqué. Autrefois la dîme n'était payée que par certains propriétaires riches, aujourd'hui, elle est payée, sous la forme nouvelle, par tout le monde.

— Les rentes : La rente est une somme d'argent dûe annuellement à celui qui aliène un fonds pour un temps, ou à perpétuité, ou qui livre l'usage d'une chose moyennant telle somme annuelle. Ainsi, un seigneur construisait un pont, il exigeait un droit de péage, voilà une rente. Il édifiait un moulin et exigeait un droit de mouture, voilà une rente. Il cédait à un paysan un champ moyennant une somme annuelle, c'était une constitution de rente. Rien de plus légitime. Mais à mesure que le souvenir du bienfait s'effaçait en s'éloignant, celui qui payait la rente constituée autrefois ne comprenait plus si bien la légitimité de cette rente et se demandait pourquoi il payait une dette contractée par ses aïeux.

Ces données sur les divers impôts de l'ancienne France prouvent que le peuple ne portait pas seul les charges de l'Etat, et que ceux qui disent qu'autrefois la noblesse et le clergé ne payaient aucun impôt, mentent ou se trompent grossièrement. A ce sujet, citons quelques témoignages : Dans les *Notes sur l'Histoire d'Aurillac*, p. 158, M. Durif, juge de paix, écrit ces lignes : « Le rôle des décimes et autres impositions dues par diverses communautés d'Aurillac, portait les chiffres suivants : — L'abbé d'Aurillac, imposé pour 1.400 livres.

— Le chapitre, chantre et sacristain, 1.968 livres.
— Le curé de la paroisse, 450 livres.
— La communauté des prêtres, 770 livres.
— L'abbesse du Buis, 85 livres.

— Les religieuses de Saint-Joseph, 52 livres.
— De la Visitation, 41 livres.
— De Notre-Dame, 74 livres. »

« Dans le diocèse de Clermont, dit Gauthier de Biauzat, les curés, même à simple portion congrue, sont imposés à 60, 80, 100, 120 livres et plus, les vicaires qui ne subsistent que du fruit de leurs sueurs, sont taxés à 22 livres (1). »

Dans le 4ᵉ volume de son ouvrage : *Le Mal et le Bien*, M. Eugène Loudun dit : « Pendant les guerres de religion, le clergé versa au trésor royal en quinze ans, la valeur de quatre cent millions de notre monnaie. De 1690 à 1695, sous forme de dons gratuits, il versa soixante-cinq millions (plus de deux cent cinquante millions d'aujourd'hui). Il est facile au clergé de justifier que de 1690 à 1760, il a payé plus de trois cent soixante-dix-neuf millions, qui auraient valu plus du double en 1860. La noblesse n'était pas plus ménagée : au commencement du règne de Henri IV, elle se plaint de payer toutes sortes d'impôts indirects de consommation, de douanes, de gabelle, entrée et sortie de vins, etc. Plus tard, elle est assujettie à la capitation, au vingtième, il n'y a pas d'exception ; tous payent le vingtième, clergé, noblesse, même les membres de la famille royale ; et

---

(1) Doléances sur les surcharges que supportent les gens du Tiers-Etat, cité par Taine dans l'*Ancien régime*, p. 97.

quant à la taille, les fermiers la payaient, mais la faisaient déduire sur le prix de leur fermage, et ainsi elle retombait, en définitive, à la charge des seigneurs. »

En 1688, les impôts de toute sorte payés par la province d'Auvergne s'élevaient à deux millions quatre cent trente-cinq mille livres; un siècle plus tard, c'est-à-dire en 1788, au moment où commençait la Révolution, ils s'élevaient à plus de huit millions, comme va nous le dire l'Assemblée Provinciale. La Révolution n'a pas arrêté cet accroissement des impôts, au contraire, elle les a considérablement augmentés.

Maintenant revenons au rapport de M. Reboul. Calcul fait, il trouve que la province d'Auvergne devait payer, en 1788, huit millions cent neuf mille neuf cent soixante-dix livres, 13 sols d'impositions. Cette masse d'argent n'allait pas tout entière dans les coffres du roi; il en restait une partie dans la Province, distribuée en secours, en gratifications.

Ainsi à la caisse des ateliers de charité dont les fonds étaient distribués aux ouvriers sans travail, qu'on employait à l'ouverture des voies de communication, le roi, chaque année, laissait un secours de cent mille, cent vingt mille livres, quelquefois moins. En 1787, ce secours s'éleva à 76.800 livres.

Il y avait le fonds des dépenses variables. Le roi lui laissait annuellement 110.750 livres. On prenait sur ce fonds quinze cents livres pour l'académie d'équitation de Riom, et douze mille quatre cent livres pour les frais des pépinières. Or il y avait des pépinières à Riom chez les Pères Carmes, à Clermont, à Chamalière, à Issoire dans la communauté des prêtres, à Brioude, à Saint-Flour, à Aurillac, au marais du Paynant, à Saint-Genès et à Sazat.

On prenait encore dans le fonds des dépenses variables vingt-sept mille livres que l'on distribuait, savoir : vingt mille à l'Hôpital Général de Clermont ; cinq mille à celui de Riom et deux mille à celui d'Issoire.

On y puisait, en outre, treize mille livres dont cinq mille accordées au collège de Clermont ; quatre mille quatre cents à celui de Riom ; deux mille deux cent cinquante à celui de Saint-Flour et treize cent cinquante à celui de Thiers.

C'est à cette même caisse « que devaient être pris les frais de construction du bâtiment à faire au Mont-Dore, dont l'adjudication est de 51.900 livres d'après l'autorisation du conseil. »

En outre le roi, chaque année, faisait une remise sur les impôts, aux contribuables qui avaient éprouvé des malheurs. En 1787 cette remise s'éleva à 86.400 livres. Il laissait aussi des sommes relativement élevées que l'on distribuait, en gratification, aux élèves des écoles vétérinaires, aux destructeurs des loups, aux propriétaires qui éprouvaient des pertes par suite des maladies épizootiques, etc.

C'était avec l'argent des impositions que l'on payait certains fonctionnaires. M. Reboul entre, à ce sujet, dans des détails qui n'ont aujourd'hui pour nous aucun intérêt.

Après avoir rendu compte de l'état actuel des impôts et de l'emploi des fonds accordés à la Province d'Auvergne par le gouvernement, M. Reboul reçoit les félicitations de l'Assemblée qui ordonne que son rapport soit remis au Bureau des impôts.

Le même jour, à la séance du soir, l'un des procureurs-syndics fit la lecture d'un rapport concernant la voirie de la Province. Ce rapport entre dans de longs détails sur l'état des routes et du personnel des Ponts et Chaussées.

Il nous apprend que l'Auvergne était sillonnée par quatre routes de première classe, par neuf de seconde classe, et par douze de troisième classe, sans compter les chemins vicinaux qui étaient très nombreux. Les travaux sur ces routes étaient dirigés par un ingénieur en chef, aux appointements de 2.200 livres ; par trois inspecteurs, aux appointements de 1.800 livres chacun, par trois sous-ingénieurs, aux appointements chacun de 1.500 livres; par un géographe, aux appointements de 800 livres ; et par une foule de conducteurs, piqueurs, directeurs et cantonniers, tous payés partie par le gouvernement, partie par les fonds de la Province qui étaient entre les mains de l'Intendant. Le rapport signale en outre les réparations urgentes à faire et les nouvelles routes à ouvrir. Ce document fut ensuite mis à la disposition des membres du bureau des Ponts et Chaussées.

CHAPITRE VI

ASSEMBLÉE PROVINCIALE *(suite)*. — TRAVAUX DES QUATRE BUREAUX. — CLOTURE DE L'ASSEMBLÉE. — COMMISSIONS INTERMÉDIAIRES.

Dans les séances qui suivirent celle du 13 novembre jusqu'à celle du 21 du même mois, l'Assemblée Provinciale, après avoir écouté les renseignements donnés par les procureurs-syndics, se mit elle-même à l'ouvrage. Elle réglait les affaires courantes, levait les difficultés qui survenaient soit dans les paroisses soit dans les élections, et après chaque affaire réglée, elle renvoyait ses membres travailler dans leurs bureaux respectifs.

Du 21 novembre jusqu'à la fin de la session, elle discuta les rapports faits par les bureaux et prit des conclusions et des arrêtés. Nous allons analyser ici les rapports faits par chaque bureau, et transcrire les arrêtés de l'Assemblée.

Bureau des impôts. — Les membres de ce bureau étaient : Pour le clergé : l'évêque de Saint-Flour, l'abbé de Coutenge, l'abbé de Pestel. Pour la noblesse :

le marquis de Capponi, le comte de Dienne, le marquis de Lacqueuille. Pour le Tiers-Etat : de Pruns, Daude, Teillard, Bazet, Lacoste et Joffreux. S'appuyant sur les renseignements donnés par les procureurs-syndics, ce bureau prouve dans son rapport, que la province d'Auvergne est beaucoup trop imposée ; que la masse exorbitante des impositions qui s'élèvent à plus de huit millions écrase les habitants et en réduit la moitié à une misère effrayante, que la collecte ou perception de ces impôts est faite de la manière la plus arbitraire et la plus tyrannique. Il tire les conclusions suivantes que l'Assemblée, après discussion, adopte unanimement.

Elle arrête : — 1° De prier M. le Président de présenter au roi l'état affligeant de cette Province et de solliciter une diminution sur les tailles. — 2° De solliciter l'extinction des accessoires de la taille à époques fixes. — 3° De supplier Sa Majesté de mettre un frein à la location et vente des charges qui donnent des privilèges et d'obliger les privilégiés quelconques à asseoir leurs privilèges sur un bien déterminé. — 4° De supplier Sa Majesté d'autoriser, par forme d'essai, les Assemblées d'Elections à supprimer le nombre actuel des collecteurs et à donner la levée des deniers royaux à bail au rabais sous valable caution. — 5° De solliciter de Sa Majesté d'autoriser les Assemblées d'Elections à envoyer en cas d'abus dénoncé, un commissaire même un de leurs membres pour le rôle de la répartition être fait en sa présence. — 6° De solliciter des ordres pour qu'à l'avenir les contraintes ne puissent être exécutées qu'après avoir été visées par le bureau intermédiaire ou un de ses membres (1).

Cette réduction des impôts et ces réformes n'eurent pas lieu. La Révolution qui arrivait à grands pas précipita tout dans le chaos.

Bureau des comptabilités et règlement : — Les membres étaient, pour le clergé : l'abbbé de Micolon, l'abbé Méallet de Faulat, l'abbé Ordinaire; pour la noblesse : le comte de Bassignac, le comte de Mascon, le comte de La Rochette d'Auger ; pour le Tiers-Etat : Chabrol, Couhert-Duvernet, Bec-Dutreuil, Breschet-de-Vedrines, Chaumette-Despradoux, d'Esperouse. Deux rapports furent lus, l'un sur la comptabilité, l'autre sur le règlement des Assemblées Provinciales, d'Election et paroissiales.

Dans le premier rapport, le Bureau règle et l'Assemblée approuve les diverses dépenses faites ou à faire par les Assemblées et fixe le traitement alloué aux procureurs-syndics, aux secrétaires et aux membres des commissions intermédiaires les seuls qui fussent payés.

(1) Procès-verbal de l'Assemblée, page 161.

Calcul fait, ces frais et ces traitements se montent pour toutes les Assemblées provinciales et d'Elections à la somme de 74.000 livres par an.

Le rapport sur le règlement est plus intéressant. Le règlement des Assemblées, donné par le roi, n'était que provisoire. Avant de le rendre définitif, Sa Majesté voulut connaître l'avis de l'Assemblée Provinciale. Celle-ci, par l'intermédiaire de son bureau, fit des observations sur plusieurs points ; son projet de règlement fut en désaccord avec le règlement royal.

— 1° Le règlement royal prive les seigneurs et les curés du droit d'assister aux Assemblées paroissiales afin que leur présence ne gêne pas la liberté des suffrages. Le bureau de l'Assemblée Provinciale ne fut pas de cet avis. « La nécessité de maintenir l'ordre, dit le rapport, et une bonne police dans ces Assemblées, nous paraîtrait un motif supérieur pour autoriser la simple assistance, sans droit de suffrage, tant du curé que du seigneur. Leur présence préviendrait les brigues, les cabales tumultueuses, l'abus même qu'on pourrait faire du scrutin parmi des gens de campagne ordinairement illettrés. »

Il ne faut pas confondre les Assemblées paroissiales avec les Assemblées municipales. Les Assemblées paroissiales sont les assemblées des habitants réunis à l'effet d'élire les députés aux Assemblées municipales établies par le roi, comme nous l'avons dit. Les dernières étaient présidées par le seigneur.

— 2° Le règlement royal veut qu'à défaut du seigneur, ce soit le syndic qui préside l'Assemblée municipale. Le Bureau désire que le fils du seigneur soit préféré au syndic pour la présidence « parce que, dit-il, le fils serait placé par une sorte d'anticipation dans le rang qu'il doit occuper un jour. »

— 3° Le bureau désire aussi que le curé ait le premier rang après le seigneur : « Nous croyons, dit-il, prévenir une opinion presque générale en réclamant pour les curés des paroisses le rang immédiat après le seigneur. La dignité de leur ministère, la considération dont il est juste de les faire jouir puisqu'elle tient de si près à la confiance de leurs paroissiens, enfin l'ordre distingué dans lequel le roi les appelle aux assemblées municipales indépendamment de toute élection, semblaient devoir leur assurer un rang qui ne les fît point paraître inférieurs aux syndics. »

— 4° Le règlement du roi permet la nomination d'un membre de la noblesse comme député du Tiers-Etat. Le Bureau improuve ce choix, car, dit-il, l'introduction des nobles dans le Tiers-Etat prive la noblesse d'une partie de ses représentants naturels.

— 5° D'après le règlement royal, les seigneurs ecclésiastiques et les curés étaient les seuls membres de droit des municipalités et un ancien usage entrenait éloignés les chapitres et les communautés de prêtres. Le Bureau demande que cet usage soit aboli et que les membres des chapitres et des communautés puissent, sinon de droit, du moins par élection, arriver aux municipalités.

Ces modifications apportées au règlement royal sont très loyales, très libérales et très justes.

L'Assemblée arrêta que ce rapport serait présenté à la commission intermédiaire, qui en ferait un examen plus approfondi et que, plus tard, il serait de nouveau discuté avant d'être présenté au roi.

Bureau des Ponts et Chaussées. — Les membres étaient pour le clergé : l'abbé de Vaulx, l'abbé Morin de Letz, l'abbé de La Mousse ; pour la noblesse : le marquis de Miramon, le comte de La Rochelambert, le comte d'Espinchal ; pour le Tiers-Etat : Coutel, Branche, Chazal, Riberolles de Benoist, Salvage de Clavières. Ce bureau fit deux rapports dans lesquels il passe en revue les routes des sept Elections, énumère les réparations à faire, les constructions des ponts à exécuter, les ateliers à établir, indique les nouvelles routes à ouvrir, les corrections à faire, rend compte des fonds qui ont été dépensés en 1787, et donne un aperçu des dépenses à faire en 1788.

Ayant délibéré sur ces deux rapports, l'Assemblée arrête qu'on n'ouvrirait aucune nouvelle route cette année, qu'on se contenterait de réparer les anciennes.

Elle nomme des commissaires chargés, dans chaque Election, de surveiller les travaux de concert avec les commissions intermédiaires. Elle charge en outre la commission intermédiaire provinciale de faire lever les plans et devis des routes qu'on se proposait d'exécuter plus tard.

Bureau du bien public. — Les membres étaient pour le clergé : l'abbé de Champflour, l'abbé de Rochebrune, l'abbé de Burc ; pour la noblesse : le marquis de Mirepoix, le marquis de Lafayette, il n'y a ici que deux membres de la noblesse attendu que le vicomte de Beaune étant président ne compte pas ; pour le Tiers-Etat : Brunel, Heyraud, Perret, Rongier, Vimal-Céleyron, Romeuf. Les membres de ce bureau s'occupèrent activement de tout ce qui pouvait contribuer au bien public. Le résultat de leurs travaux fut consigné dans un rapport rédigé par M. de Lafayette et divisé en deux parties. La première partie fut lue dans la séance du 3 décembre, la seconde dans celle du 6 du même mois. Dans la première partie, le rapport attire l'attention de l'Assemblée sur le commerce, l'agriculture et l'industrie.

Il pose en principe qu'en Auvergne, où le paysan, dit-il, n'aime pas les nouveautés, il faut s'éloigner également de l'esprit de système et de l'esprit de routine ; il ne faut pas détruire, il faut améliorer. *Eclairer et encourager*, voilà sa devise. Après avoir posé ce principe, le rapporteur s'élève fortement contre les douanes intérieures, surtout contre celles de Vichy et Gannat, qui font payer des droits exorbitants aux marchandises qui entrent en Auvergne ou qui en sortent. C'est là, dit-il, le grand obstacle à l'amélioration de l'agriculture et du commerce. Comme le roi a déjà eu l'idée de détruire ces barrières intérieures, le rapporteur propose à l'Assemblée d'unir ses vœux à ceux du royaume pour remercier le roi et solliciter de Sa Majesté la prompte exécution de son projet.

Entrant ensuite dans quelques détails sur la culture du chanvre, l'élevage des moutons, des chevaux, des bêtes à cornes, le rapporteur demande à l'Assemblée de vouloir solliciter l'établissement d'une corderie et de quelques manufactures pour la confection des toiles à voiles et de demander au gouvernement des fonds pour acheter des béliers, des baudets et des taureaux afin d'améliorer les espèces. L'abondance des bestiaux invitait l'Auvergne au commerce des cuirs ; ce commerce était, en effet, florissant : il y avait des tanneries dans presque toutes les villes. Mais en 1759 le gouvernement, en quête de ressources, imposa les cuirs et n'en permit le débit qu'après l'apposition d'une marque spéciale. Cet impôt fit tomber un grand nombre de tanneries. Lafayette en demande l'abolition. Il dit ensuite quelques mots sur le reboisement des montagnes, sur les pépinières qu'il ne trouve pas très utiles, sur les courriers et les postes aux lettres qu'il ne trouve pas assez multipliés. Ayant délibéré sur ce rapport, l'Assemblée arrête : 1° de remercier le roi de la libre exportation des grains qu'il a accordée et de l'assurance qu'il a donnée de supprimer les douanes intérieures, de supplier Sa Majesté d'accorder des fonds pour l'achat de béliers et de baudets et pour l'établissement de manufactures à laine et de métier à filer; 2° l'Assemblée charge la commission intermédiaire provinciale de faire au gouvernement des propositions sur l'emploi des chanvres d'Auvergne, pour la marine royale, de lui faire des observations sur la marque des cuirs et des toiles et de dresser un mémoire sur l'augmentation à faire des courriers et des postes aux lettres.

Dans la seconde partie du rapport, moins longue que la première, le bureau du bien public demande l'exemption de tout impôt, pour tout père de douze enfants, l'établissement de quatre cours d'accouchement, la propagation de la vaccine et l'extinction de la mendicité.

Après délibération, l'Assemblée arrête de solliciter du roi le renouvellement de l'ordonnance de Louis XIV qui exempte de tout impôt le père de douze enfants, de supplier Sa Majesté d'accorder une somme de quatre mille livres pour l'établissement de quatre cours d'accouchement dans la Province et de faire composer une instruction simple sur les avantages de la vaccine, enfin de demander au roi des fonds pour distribuer aux pauvres, afin de ne pas les laisser mendier. Ainsi l'Assemblée Provinciale toucha à toutes les questions d'intérêt public et fit tous ses efforts pour améliorer l'agriculture, le commerce, l'industrie, le bien général de la population. Le roi lui en avait donné l'exemple.

Le 3 décembre, l'Intendant vint à l'Assemblée et apporta une *instruction* sur l'agriculture, imprimée par ordre du roi.

Moyens de multiplier les engrais, d'introduire dans les campagnes un moyen de culture propre à augmenter le nombre des bestiaux, de former des prairies artificielles, d'enseigner aux cultivateurs la

En outre le commissaire du roi remit à l'Assemblée, avec prière de les propager, trois exemplaires d'un ouvrage composé par les ordres du roi, sur les moyens de secourir les personnes noyées ou suffoquées par le charbon, les enfants qui paraissent morts en naissant, les personnes mordues par des animaux enragés, enfin celles qui ont été empoisonnées.

Rien n'échappait à la sollicitude royale. L'ancienne France comme la nouvelle, on le voit, s'occupait activement de l'agriculture, de l'amélioration des animaux, du bien-être des populations, des intérêts industriels et commerciaux.

La clôture de l'Assemblée Provinciale fut prononcée, sur l'ordre du roi, par l'Intendant, le 11 décembre. Celui-ci s'étant fait annoncer, M. l'abbé de Lamousse, le marquis de Capponi, de Pruns et Daude ont été le recevoir au haut de l'escalier, et MM. les syndics sont descendus au devant de lui. Etant entré, le commissaire du roi a dit : « Messieurs, chargé par le roi de vous annoncer la clôture de vos séances, je m'empresse de me rendre l'organe de cette Province pour vous offrir l'hommage des droits que vous avez acquis à la reconnaissance publique, par l'ardeur avec laquelle vous avez travaillé sans relâche aux différents objets de l'administration qui vous a été confiée. Votre désintéressement comme votre constante assiduité à ces travaux importants, semblent en assurer le succès... »

M. de Beaune, président, répondit : « Il ne nous reste Monsieur, pour l'accomplissement de tous nos vœux qu'à voir Sa Majesté sanctionner nos travaux, la Province recevoir des soulagements et partager sans cesse avec nous les avantages de cette aménité et de cette confiance dont vous avez bien voulu nous donner des preuves pendant la tenue des séances de cette Assemblée. »

La session avait duré un mois.

Certaines décisions de l'Assemblée Provinciale au sujet des impôts déplurent au gouvernement, surtout au ministre des finances qui trouvait dans les députés trop d'audace à demander l'exemption de quelques impôts et une décharge considérable. Aussi, par décision royale, l'Assemblée eût-elle défense de se réunir en 1788.

La commission intermédiaire administra la Province jusqu'au milieu de l'année 1790, époque où l'administration départementale prit la direction des affaires.

Les membres de la commission provinciale étaient :

— De Beaune, président.

— L'abbé de Rochebrune, grand vicaire de Saint-Flour, remplacé, après démission, le 4 décembre 1787 par l'abbé de La Mousse, vicaire général de Clermont.

— Le comte de Mascon.

— De Leigonye de Pruns, chevalier de Saint-Louis, maire d'Aurillac, remplacé en février 1789 par M. Perret, conseiller au Présidial d'Aurillac.

— Branche, avocat à Paulhaguet.

— Le comte de Lastic, procureur-syndic pour le clergé et la noblesse.

— Reboul de Villars, procureurs-syndics pour le Tiers-Etat.

— Grenier, secrétaire.

La commission provinciale gouverna avec sagesse et dévouement, aidée par les commissions intermédiaires des Elections. S'occuper des moyens propres à ranimer l'agriculture; à faire prospérer l'industrie, à étendre le commerce; prendre des mesures pour soulager les contribuables par une répartition des impôts plus équitable, procurer du travail et des secours aux ouvriers pauvres en établissant des ateliers de charité, solliciter du gouvernemnt des secours pour les œuvres poussait le gouvernement et les populations vers des améliorations et des réformes, mais il n'est pas moins certain que personne ne songeait à renverser l'ancienne constitution française.

Pour opérer ces réformes avec plus de succès et pour tirer ses ministres des embarras financiers où ils se trouvaient, le roi résolut de convoquer les Etats-Généraux, c'est-à-dire une Assemblée de députés venus de tous les points de la France.

CHAPITRE VII

CONVOCATION DES ÉTATS-GÉNÉRAUX. — ÉLECTIONS DES DÉLÉGUÉS. — ASSEMBLÉES PRIMAIRES, BAILLIAGÈRES ET GÉNÉRALES. — INTRIGUES ÉLECTORALES.

Lorsque le roi eut décidé, en son conseil, que les Etats-Généraux seraient convoqués, que les élections se feraient par grands bailliages et que le nombre des députés du Tiers-Etat serait égal à celui des deux autres ordres réunis, il y eut dans le royaume un mouvement exagéré d'enthousiasme et d'espérance.

Par suite de cette décision, le roi adressa, le 24 janvier 1789, aux gouverneurs des provinces, des lettres de convocation auxquelles était joint le règlement à suivre dans les élections des délégués et des députés.

Les élections par grands bailliages ne furent pas agréables à tout le monde en Auvergne. La ville de Mauriac notamment fut très mécontente, et Paulin Duclaux, juge de l'Election et syndic de la municipalité, assembla le corps municipal le 11 janvier 1789 et fit prendre une délibération par laquelle la ville de

Mauriac demandait que les élections des députés aux Etats-Généraux fussent faites par Prévôté (ancienne division administrative) et que la Prévôté de Mauriac eût le droit de nommer deux députés pris dans le Tiers-Etat, comme elle l'avait fait précédemment aux Etats-Généraux d'Orléans et de Blois. La requête ne fut pas accueillie, et Mauriac se prévalut pour la dernière fois du titre de Prévôté qu'elle avait porté pendant cinq cents ans avec fierté.

Clermont, de son côté, demanda que la réunion des électeurs de toute la Province eut lieu dans son sein, à l'exclusion de la ville de Riom. Cette demande fut également rejetée.

Le règlement royal portait que les élections se feraient par bailliages principaux. Or, on comptait en Auvergne trois bailliages principaux : ceux de Riom, de Clermont et de Saint-Flour. Mais la Haute-Auvergne renfermait un bailliage entier, celui de Salers, qui dépendait de la Sénéchaussée de Riom ; elle renfermait encore un grand nombre de paroisses qui étaient du ressort ou de Riom ou de Clermont ; les électeurs de ce bailliage et de ces paroisses auraient donc été obligés d'aller voter à Riom ou à Clermont. La Haute-Auvergne fit des réclamations. Par délibération du 21 janvier 1789, Spy des Ternes, maire de Saint-Flour, et Bertrand, furent envoyés à

Paris pour demander que toute la Haute-Auvergne votât à Saint-Flour. Aurillac, de son côté, envoya des députés pour demander que les élections fussent faites à Aurillac. M. de Rangouze, chevalier, seigneur de la Bastide, conseiller au présidial d'Aurillac, écrivit un mémoire où il s'efforça de prouver qu'Aurillac était la capitale de la Haute-Auvergne et que c'était là, par conséquent, que devait se tenir l'assemblée de tous les électeurs pour nommer les députés aux Etats-Généraux. Les députés de Saint-Flour et d'Aurillac obtinrent gain de cause sur un point, à savoir que les électeurs de la Haute-Auvergne n'iraient point voter à Riom ou à Clermont; mais Aurillac n'obtint pas le second : la tenue de l'assemblée à Aurillac. Donc le roi considérant que « les distances pour se rendre à Riom ou à Clermont de toutes les paroisses de la Haute-Auvergne qui dépendent de ces deux Sénéchaussées, sont souvent de vingt à vingt-cinq lieues, par des chemins difficiles, dont les communications ne sont pas toujours praticables », fit une exception et ordonna, par arrêt du 15 février 1789, « que tous les justiciables des Sénéchaussées de Riom ou de Clermont domiciliés dans la Haute-Auvergne seraient tenus de se rendre à Saint-Flour au jour et à l'heure qui seraient indiqués par le bailli de la Haute-Auvergne, pour procéder à l'élection de douze députés aux Etats-Généraux, savoir : trois de l'ordre du clergé, trois de l'ordre de la noblesse et six du Tiers (1). »

Le bailliage secondaire de Salers étant ainsi distrait pour voter de la Sénéchaussée de Riom, celle-ci s'indigna. Messieurs de la Cour rédigèrent un arrêt de protestation. Ce fut inutilement, le roi maintint sa décision.

Au point de vue des élections, l'Auvergne forma donc trois groupes et tous les électeurs de la Province durent se rendre au chef-lieu de leur ressort, ou à Riom, ou à Clermont, ou à Saint-Flour, pour s'y constituer en assemblée générale et y élire les députés aux Etats-Généraux. Il devait donc y avoir trois assemblées générales. Mais, les élections étant à deux degrés, avant la tenue de ces trois assemblées générales, il y eut, pour le Tiers-Etat, les assemblées primaires dans chaque paroisse et les assemblées bailliagères dans chaque bailliage du premier et du second ordre.

Voici la suite de toutes ces opérations :

Le comte de Montboissier, gouverneur militaire de la province d'Auvergne, reçoit du gouvernement les lettres de convocation des électeurs et le règlement qu'on devait suivre dans les élections. Il les transmet aux sénéchaux de Riom et de Clermont, et

(1) Arrêt et règlement du roi pour la province d'Auvergne. Voir cet arrêt aux pièces justificatives, n° 1.

au bailli de Saint-Flour. Ceux-ci en font passer copie aux lieutenants généraux des bailliages secondaires. Puis chaque sénéchal ou bailli des grands et petits bailliages fait publier ces lettres et ce règlement dans toute l'étendue de son ressort par le ministère des procureurs du roi qui envoient par huissier assignation de comparaître aux nobles, aux ecclésiastiques, aux communautés religieuses, aux maires ou syndics des paroisses, avec injonction à ces derniers de faire publier lesdites lettres et ledit règlement au prône des messes paroissiales et de les faire afficher aux portes des églises. Cette publication mit tout le monde au courant de la grande question des élections et il y eut un mouvement général très accentué en Auvergne comme dans toute la France. Le clergé, la noblesse et le Tiers-Etat, chacun de son côté, se préparaient aux élections avec grand entrain (1).

Clergé. — Les évêques, les abbés des monastères, les curés des paroisses et les ecclésiastiques réguliers et séculiers, *possédant bénéfices*, étaient, d'après le règlement royal, électeurs *directs*, c'est-à-dire qu'ils avaient le droit d'aller voter eux-mêmes en personne à l'assemblée générale du grand bailliage dont ils faisaient partie. Cependant les curés, éloignés de plus de deux lieues du chef-lieu de leur grand bailliage, et

(1) Voir l'ordonnance du lieutenant-général de Salers, au sujet des élections, n° 2 des pièces justificatives.

qui n'avaient ni vicaire, ni autre prêtre pour desservir les paroisses en leur absence, eurent défense de quitter leur poste, mais ils avaient ordre de se faire représenter par un procureur fondé de pouvoir, lequel voterait à leur place.

Les chanoines de chaque chapitre cathédral ou collégial, trop nombreux pour se rendre tous à l'assemblée générale, se réunirent comme le voulait le règlement, en assemblée capitulaire pour choisir des délégués. Cette assemblée dans chaque chapitre se divisa en deux sections. La première, composée des chanoines proprement dits, nomme un délégué sur dix chanoines et au-dessous, deux au-dessus de dix jusqu'à vingt et ainsi de suite. L'autre section, composée de tous les ecclésiastiques attachés par quelque fonction au service du chapitre, nomma un délégué sur vingt ecclésiastiques et au-dessous, deux au-dessus de vingt jusqu'à quarante, etc.

Chaque monastère d'hommes, chaque couvent de femmes nomme un seul délégué, pris dans l'ordre ecclésiastique (1).

---

(1) Chaque couvent reçut ordre par assignation d'huissier de nommer un délégué. Comme exemple, voici l'assignation donnée aux religieuses Dominicaines de Mauriac :

« L'an 1789 et le neuvième jour du mois de mars, à la requête de M. le procureur du roi, au bailliage d'Aurillac, pour lequel domicile est élu au greffe du dit siège et en vertu des lettres du roi données à Versailles le 24 janvier 1789, pour la convocation et

Les séminaires, les collèges, les hôpitaux ne furent pas représentés à l'assemblée générale de leur ressort pour le choix des députés aux Etats-Généraux, parce que, dit le réglement, étant des établissements publics, tous les ordres sont intéressés à leur conservation.

Les ecclésiastiques *des villes*, engagés dans les ordres sacrés mais ne *possédant pas bénéfice*, se réunirent, aux termes du règlement, chez les curés de leur paroisse et choisirent des délégués à raison d'un sur vingt ecclésiastiques et au-dessous, deux au-dessus de vingt jusqu'à quarante, ainsi de suite, non compris le curé qui était électeur direct à raison de son béné-

---

assemblée des Etats-Généraux de ce royaume, du règlement y joint et de l'ordonnance de M. le bailli de la Haute-Auvergne séant à Aurillac, rendue en conséquence. Je, Abbouy, huissier royal soussigné, ai donné assignation aux dames religieuses de l'ordre de Saint-Dominique, de la ville de Mauriac, en parlant à dame Sarade, procureuse, à comparoir par procureur fondé de l'ordre du clergé conformément à l'art. 11 du règlement, le 22 mars, heure de huit heures du matin, en la ville de Saint-Flour, à l'effet d'assister à l'assemblée générale des trois Etats qui sera tenue les dits jours et heure par devant mon dit sieur le bailli de la Haute-Auvergne, et, en son absence, par devant M. son lieutenant-général, pour concourir avec les autres membres de l'ordre du clergé, à la rédaction du cahier des doléances et à la nomination des députés aux Etats-Généraux et aux autres objets exprimés en la dite ordonnance, leur déclarant que faute par elles d'y faire trouver procureur fondé ou député de leur part, il leur sera donné défaut, et afin qu'elles n'en ignorent, je leur ai, en parlant comme dessus, laissé copie de mon présent exploit et j'ai reçu 12 sous pour le coût d'icelui. ABBOUY. »

fice. Les ecclésiastiques des *campagnes* engagés dans les ordres sacrés, communalistes ou prêtres filleuls, furent tous électeurs directs et allèrent tous voter à l'assemblée générale. Ceux qui ne purent s'y rendre en personne n'eurent pas le droit de s'y faire représenter par un délégué; ainsi le voulait le règlement.

Noblesse. — Tous les nobles possédant fief furent déclarés par le règlement électeurs directs. Ils se rendirent donc en personne à l'assemblée générale de leur ressort. Ceux qui ne purent pas s'y rendre se firent représenter par un délégué pris dans l'ordre de la noblesse.

Les nobles qui ne possédaient pas fief, ayant vingt-cinq ans, furent aussi électeurs directs, mais ils ne purent pas s'y faire représenter.

Toute femme possédant divisément, toute fille, toute veuve, tout mineur, jouissant de la noblesse et possédant fief, eurent le droit d'envoyer à l'assemblée générale un délégué pris dans l'ordre de la noblesse.

Tiers-Etat. — Tous les hommes nés ou naturalisés français, âgés de vint-cinq ans, domiciliés et compris au rôle des impositions, étaient électeurs; mais il était impossible d'envoyer tous ces électeurs à l'assemblée générale à Riom, ou à Clermont, ou à Saint-Flour. Il fallut donc choisir des délégués.

Pour cela, le règlement ordonna la réunion des assemblées primaires et des assemblées bailliagères.

8

Dans chaque paroisse, tous les électeurs furent convoqués un dimanche au son de la cloche, à la maison commune, sous la présidence du juge, quand il y avait un juge, du maire ou de tout autre officier à défaut du juge. Dans cette assemblée primaire on nomma des délégués à raison, pour les paroisses de ville, de deux pour cent individus et au-dessous, et pour les paroisses de campagne, de deux pour deux cents feux et au-dessous, trois au-dessus de deux cents, etc.

Les électeurs qui appartenaient à quelque corporation n'assistaient pas à l'assemblée primaire, mais à l'assemblée de leur corporation. Les corporations d'arts et métiers choisirent un délégué sur cent individus et au-dessous, deux au-dessus de cent, etc.

Les corporations d'arts libéraux nommèrent deux délégués sur cent individus et au-dessous, quatre au-dessus de cent, etc.

Lorsque le choix des délégués des communes eut été fini, on procéda à la rédaction de ce qu'on appelait les cahiers des doléances demandés par le roi. Ces cahiers étaient l'expression par écrit des plaintes et des griefs des citoyens, des torts qu'ils éprouvaient dans leurs intérêts, des besoins qu'ils ressentaient, des réformes à faire, des abus à détruire, etc.

Le roi, dans sa bonté, voulait connaître les souffrances de ses peuples et, pour mieux les connaître, il s'adressait directement à eux ; qui mieux, en effet, que le peuple lui-même connait ses souffrances, et qui peut mieux en retracer le tableau ?

Pour rédiger ces cahiers, les délégués de chaque paroisse se réunirent à l'hôtel de ville de leur paroisse et là chacun exprima ses besoins, ses aspirations, ses vœux et ses désirs. Il y eut dans les assemblées de ville surtout, les documents de l'époque le constatent, des discussions véhémentes, des motions quelquefois étranges, des discours où les orateurs dévoilent les abus avec audace et demandent des réformes radicales. Toutes les langues se délient : c'est un souffle véhément qui sort de la conscience de ces hommes fiers de leur délégation et pleins du désir de satisfaire à tous les intérêts légitimes. Chacun fait des considérations morales, politiques, religieuses. Enfin on finit par formuler des propositions, et l'ensemble de ces propositions forme le cahier des doléances. Chaque paroisse fit le sien.

Les opérations électorales ne furent pas terminées aux assemblées primaires ou paroissiales. D'après le règlement, il fallut encore que les délégués de toutes les communes de chaque bailliage principal ou secondaire se réunissent au chef-lieu du bailliage, premièrement pour réduire en un seul les cahiers de toutes les paroisses ; secondement pour réduire au quart le nombre des délégués, lequel quart irait seul voter à l'assemblée générale pour l'élection des députés aux Etats-Généraux. C'est ce qui fut fait dans tous les bailliages de la Province. Il y avait, nous l'avons dit, neuf bailliages grands et petits : Riom, Clermont, Usson, Montaigut, Saint-Flour, Vic-sur-Cère, Aurillac, Salers et Murat. Il y eut donc neuf assemblées bailliagères ou *préliminaires,* comme les appelle le règlement royal.

Dans chaque assemblée bailliagère on réduisit en un seul tous les cahiers des paroisses et au quart le nombre des électeurs. « Et cela pour deux motifs, dit le règlement royal : premièrement, afin de prévenir les assemblées trop nombreuses dans les bailliages principaux et puis de diminuer les fatigues et les frais de voyage trop long d'un grand nombre de députés. »

L'assemblée bailliagère de Riom fut tenue le 9 mars et les jours suivants, celle de Salers le 16 mars. Les autres furent tenues également dans la première quinzaine de mars 1789, mais je ne connais pas la date du jour.

Lorsque toutes les opérations préliminaires furent achevées, on vit se diriger de tous les points de la province vers Riom, Clermont ou Saint-Flour, les nobles, les prêtres, les représentants des chapitres, des couvents, des femmes nobles et les délégués des communes. Spectacle solennel, que ce mouvement des idées et des hommes de toute une Province!

Les élections des délégués que nous venons de raconter et celles des députés aux Etats-Généraux dont nous allons faire le récit eurent lieu sous l'influence et par les intrigues des hommes de loi : avocats, notaires, procureurs, juges, huissiers et autres gens de robe. C'est ce que constate Taine.

« Depuis deux mois, dit-il, les juges inférieurs, les avocats dont toutes les villes et campagnes fourmillent, en vue de se faire élire aux Etats-Généraux, se sont mis après les gens du Tiers-Etat sous prétexte de les soutenir et d'éclairer leur ignorance. Ils se sont efforcés de leur persuader qu'aux Etats-Généraux ils seraient les maitres à eux seuls de régler toutes les affaires du royaume, que le Tiers, en choisissant ses députés parmi les gens de robe, aurait le droit et la force de primer, d'abolir la noblesse, de détruire tous ses droits et privilèges ;... que si le peuple les députait, ils feraient accorder au Tiers-Etat tout ce qu'il voudrait, parce que les curés, gens du Tiers, étant convenus de se détacher du haut clergé et de s'unir à eux ; la noblesse et le clergé, unis ensemble, ne feraient qu'une voix contre deux du Tiers... Les assemblées de bailliages et de sénéchaussées ont été farcies de gens de robe qui absorbaient les opinions et voulaient primer sur tout le monde, et chacun de son côté intriguait et cabalait pour se faire députer. Les affidés mettaient, au moment du scrutin, des billets tout écrits dans la main des votants et leur avaient fait trouver, à leur arrivée aux auberges, tous les écrits et avis propres à exalter leur tête et à déterminer leur choix pour des gens du palais... Symptôme alarmant et qui marque d'avance la voie que va suivre la Révolution : l'homme du peuple est endoctriné par l'avocat, l'homme à pique se laisse mener par l'homme à phrases... Plusieurs millions de sauvages sont ainsi lancés par quelques milliers de parleurs, et la politique de café a pour interprète l'attroupement de la rue. D'une part la force brutale se met au service du dogme radical ; d'autre part le dogme radical se met au service de la force brutale. Et voilà, dans la France dissoute, les deux seuls pouvoirs debout sur les débris du reste (1). »

Il faut aussi attribuer une action prépondérante aux francs-maçons dans les élections aux États-Généraux et dans la préparation du mouvement révolutionnaire qui éclata dès les premiers jours de la tenue des États. Ils n'avaient pu empêcher dans la rédaction des cahiers l'expression du sentiment universel de la nation pour la monarchie, mais ils prirent leur

(1) *L'Ancien Régime*, p. 518.

revanche dans les opérations électorales, où ils parvinrent à faire élire un grand nombre de leurs partisans. « Les francs-maçons, dit Baruel, n'épargnent rien pour faire tomber la députation sur leurs adeptes ; ils réussissent presque complètement pour la députation du Tiers et, à Paris, au moins pour la noblesse (1). »

En Auvergne, il y avait plusieurs loges de francs-maçons : une à Aurillac, une à Saint-Flour, deux à Clermont, peut-être d'autres ailleurs. Les deux loges de Clermont portaient le nom : l'une, de *Saint-Jean de Saint-Maurice ;* l'autre, de *Saint-Michel de la Paix.*

Les dignitaires de la première étaient :

Vénérable : Moranges jeune, greffier des insinuations ecclésiastiques.

Premier surveillant : Couthon, avocat.

Orateur : Dijon de Saint-Mayard, avocat-général.

Maître de cérémonies : de Montorcier, lieutenant-général.

Garde des sceaux : Doulcet, médecin.

Parmi les *frères* de cette loge, on comptait Bancal des Issarts ; Monestier, médecin ; Dalbiat, procureur du roi ; Lecourt d'Hauterive ; Onslow, gentilhomme anglais ; Mazelhier ; Sublon ; le comte de Clermont-

(1) *Mémoires pour servir à l'histoire du Jacobinisme*, t. II, p. 353.

Tonnerre, maître de camp de cavalerie en résidence à Clermont, etc.

La loge *Saint-Michel de la Paix* avait pour *vénérable :* Barre, procureur; pour *garde des sceaux :* Busche; pour membres principaux : Biauzat, Trébuchet, Noyer, etc. (1).

Carrier, Coffinhal appartenaient à la loge d'Aurillac; Lafayette à la loge *La Candeur*, de Paris (2).

Les loges d'Auvergne comptaient un grand nombre d'adeptes et disposaient, pour le développement et la propagation des idées révolutionnaires, d'une force considérable, résultant de l'unité de vue et de la solidarité qui obligeait les *frères* à s'aider mutuellement. Elles firent, comme partout, un grand mal en Auvergne, en fournissant à l'armée de la Révolution des hommes aptes à tout, décidés à renverser le trône et l'autel, à anéantir toutes les distinctions sociales, tous les privilèges, toutes les anciennes institutions.

(1) *Correspondance* de Couthon, p. 6.
(2) *Mémoires du Jacobinisme*, par Barruel, t. II, p. 336.

CHAPITRE VIII

ASSEMBLÉE GÉNÉRALE DES TROIS ORDRES DE LA SÉNÉ-
CHAUSSÉE DE RIOM POUR L'ÉLECTION DES DÉPUTÉS
AUX ÉTATS-GÉNÉRAUX.

La réunion de Riom avait été fixée au 14 mars 1789. Les électeurs des trois ordres de la Sénéchaussée de Riom et ceux des bailliages secondaires, Usson et Montaigut, qui en ressortissaient, étant arrivés, l'assemblée générale fut tenue au jour dit dans la grande salle du Palais de justice, sous la présidence du grand sénéchal, M. de Langeac. On assista d'abord à une messe du Saint-Esprit dans la chapelle du Palais, et puis chaque ordre prit sa place au lieu des séances; le clergé à droite du sénéchal, la Noblesse à gauche, le Tiers en face.

La séance étant ouverte, le Procureur du roi, Taillardat de La Maison-Neuve, requiert la lecture de la lettre royale du 24 janvier et, après cette lecture, il prononce un discours où il invite tous les membres de l'assemblée à n'avoir d'autre but, d'autre passion que le bien public.

« Messieurs, dit-il, nous voilà arrivés au moment

heureux où le retour aux vrais principes va rendre la vie à l'Etat. L'Europe étonnée, qui a les yeux ouverts sur nous, va se voir forcée d'admirer la puissance de l'empire français, et la conduite que les trois ordres réunis tiendront dans l'assemblée de la nation imprimera sur elle un caractère de gloire et de grandeur. Que ne devons-nous pas espérer de ce conseil auguste présidé par un roi juste et bienfaisant? J'aime à me représenter ce monarque assis sur son trône, jetant un regard de confiance sur un clergé qui a su toujours concilier les droits rigoureux de la religion avec la fidélité dûe à un souverain et mériter la vénération des peuples par ses instructions et ses exemples; se félicitant de voir au pied du trône une noblesse qui joint à la naissance et aux honneurs tous les talents nécessaires pour en soutenir l'éclat; tendant enfin ses bras paternels au Tiers-Etat pour le rapprocher de sa personne, ne faire des trois ordres qu'une seule famille dont il se déclare le père et faire sentir à tous en commun les effets de sa bienveillance. Ne vous semble-t-il pas d'avance voir tous les ordres applaudir à une si heureuse réunion.

« Et, en effet, nous ne vivons plus dans ces siècles malheureux où les grands, uniquement occupés de leur naissance et de leurs dignités et ne prisant que l'éclat des vertus guerrières, semblaient dédaigner la supériorité des vertus civiles. Les nobles de nos jours connaissent le caractère de la vraie noblesse, la regardant comme une distinction imaginaire lorsqu'elle n'est fondée que sur les dehors; convaincus qu'un grand nom est un fardeau redoutable pour quiconque sait penser, ils ne négligent rien pour en soutenir l'éclat d'une manière digne du rang qu'ils occupent dans l'Etat. Généreux et désintéressés, nous les avons déjà vus sacrifier au bien public leur propre intérêt; enfin, peu flattés d'une supériorité que leur donnent leurs titres, on les voit en user sans mépriser personne et trouver ainsi le moyen de se faire aimer et respecter en même temps. Aussi le Tiers-Etat, sans être jaloux des titres qui distinguent les membres des deux premiers ordres, se fera toujours un devoir de justice de les vénérer; appelé au conseil du monarque, il verra avec satisfaction le clergé et la noblesse occuper les premières places au pied du trône et il emploiera avec eux sa vie et ses biens au service de l'Etat et du prince. Il nous appelle auprès de lui, ce prince si digne de notre amour... Sa bonté paternelle lui a fait prendre la résolution de s'environner des représentants de toutes les parties de ses vastes Etats, pour discuter et fixer avec eux ses droits et ceux de la nation, ceux des ordres et des provinces... Mais pour répondre aux intentions généreuses du monarque, élever avec lui le monument durable de la félicité publique, il faut y apporter des intentions pures, ce noble désintéressement et cette franchise qui caractérisent tout bon Français. Oui, Messieurs, l'amour du bien public, voilà la seule passion qui doit enflammer nos cœurs... Cette noble passion absorbera toutes les autres ; elle fera disparaitre les rivalités de corps, elle étouffera tous les préjugés pour ne laisser entendre que la voix simple et uniforme du patriotisme (1). »

Après avoir entendu un homme du Tiers, écoutons un homme de la noblesse, M. de Langeac :

« Messieurs, dit-il, le roi vient d'annoncer de la manière la plus formelle, le droit de concilier ce qu'exige de lui son amour pour son peuple et sa fidélité envers les créanciers de l'Etat. Jaloux de régner par la justice et les lois, il abjure à jamais ces maximes funestes qui, faisant succéder le despotisme asiatique à la plus sage des constitutions, auraient précipité vers sa ruine l'Etat le plus florissant de l'Europe. Le trône, raffermi désormais, va reposer sur trois bases inébranlables : la liberté, qui rend supportables les fardeaux les plus lourds ; le crédit, fruit naturel de cette liberté qui, multipliant les richesses de l'Etat, facilite sa libération ; et l'amour des Français pour ses rois, qui rend possible tout ce

(1) DANIEL, p. 119.

qu'ils entreprennent pour leur gloire et leur prospérité.

« C'est après une interruption de près de deux siècles que Sa Majesté, justement convaincue que sa véritable puissance réside dans le cœur de ses sujets, vient d'accorder aux vœux de la France la convocation des Etats-Généraux de son royaume.

. . . .

« L'intention du roi est que les Provinces soient représentées aux Etats-Généraux de la manière la plus parfaite; il veut surtout qu'une grande liberté règne dans les suffrages et, pour cet effet, Sa Majesté a résolu que les élections seraient faites par la voix du scrutin, qui est sans doute la manière d'élire la plus sûre, celle qui offre le moins d'inconvénient et qui, par son voile, est la plus propre à ne pas altérer l'union qui doit régner entre les membres d'une assemblée dont le bien de la province sera l'unique vœu.

« Nous devons porter toute notre attention, Messieurs, à ne pas nous laisser prévenir par l'influence des considérations particulières dans l'élection que nous avons à faire de nos représentants aux Etats-Généraux. L'honneur et la conscience doivent seuls déterminer nos suffrages en faveur de ceux que nous reconnaîtrons, par leurs lumières et leur patriotisme, être les plus dignes de remplir la mission aussi importante qu'honorable dont ils seront chargés, de ceux surtout dont l'intégrité et les mœurs nous répondront que l'intérêt public, prévalant chez eux l'intérêt personnel, se rendront inaccessibles aux intrigues et aux cabales qui les environneront de toutes parts ; de ceux, en un mot, qui, pleins des grands objets qu'ils auront à traiter au milieu de cette assemblée mémorable de la nation, sauront déployer ce courage, cette énergie que doivent avoir de vrais citoyens français chargés du soin honorable de traiter de l'intérêt public du plus puissant royaume.

. . . .

« Ce n'est point, Messieurs, l'opinion personnelle de vos députés, c'est le vœu général de la Province que le roi veut connaître, et, pour cela, vous ne sauriez rédiger avec trop de soin vos doléances et vos procurations. C'est en exposant avec exactitude et clarté vos besoins, c'est en prévoyant et éclaircissant d'avance les grandes questions qui seront agitées dans les Etat-Généraux, c'est enfin en laissant le moins de marge possible à vos députés, que vous remplirez à cet égard les devoirs sacrés de citoyen.

« Déjà, Messieurs, vous connaissez les questions préliminaires qui seront agitées dans cette mémorable assemblée. Le ministère des finances les a exposées dans son discours aux notables, pour que le choc des opinions, mûrissant les idées, pût en préparer la décision.

« A l'égard de l'objet de l'assemblée, il est indiqué par la voie publique et la nécessité des choses : acquitter la dette nationale, substituer à des impôts accablants des subsides mieux répartis et plus simplifiés dans leur perception, énoncer ensuite le vœu de tous les ordres pour le redressement des abus et le bien-être général, tel sera, il n'en faut pas douter, le fruit de l'assemblée de la nation. Mais, pour parvenir à ce but si désirable, il est important que l'harmonie la plus inaltérable règne entre les trois ordres. Oh ! sans doute, elle existerait cette harmonie, si les impôts distinctifs, germe éternel de jalousie et de discorde, étaient abolis pour jamais. Qu'il me soit permis, Messieurs, d'espérer que le roi et la nation trouveront parmi vous des coopérateurs zélés pour cette abolition : qu'il me soit permis encore d'espérer que la promesse faite au roi par M. le comte d'Artois, nos seigneurs les princes de Condé, duc de Bourbon, duc d'Enghien et prince de Conti, par les pairs de France et par le premier Parlement du royaume, ne sera pas vaine, et que de si grands exemples auront quelque influence dans la détermination que vous prendrez. J'ose m'adresser avec confiance aux deux premiers ordres de cette Province. Je les invite au nom du peuple, au nom de la paix et de la liberté publique, à renoncer à leurs privilèges pécuniaires, à raison de leurs propriétés foncières et territoriales. Gardez-vous, Messieurs, de confondre ces exemptions et ces immunités avec les justes prérogatives qui vous constituent essentiellement les deux premiers ordres de l'Etat. Mais je me trompe, Messieurs; ces exemptions pécuniaires, dont vous ferez le généreux sacrifice, contribueront elles-mêmes à votre véritable grandeur, elles seront l'époque la plus mémorable de nos annales, et la postérité, dont nous devons respecter les regards, apprendra peut-être avec admiration la puissance de l'amour du bien public sur des âmes vertueuses malgré la corruption de leur siècle. Mais pour obtenir cet hommage, il faut le mériter, et le temps, qui ne se laisse jamais surprendre, ne le donne qu'à la véritable vertu. N'invoquons donc qu'elle dans nos délibérations et le choix de nos représentants ; souvenons-nous que d'elle peut-être dépend la destinée de ce vaste empire et du compte que nous aurons à rendre, si cette destinée est malheureuse. Rassurons-nous cependant, Messieurs, je vois l'élite des trois ordres ; la vertu qui les anoblit, le droit d'état et de naissance qui les y appellent, nous sont de sûrs garants de leur zèle et de la pureté de leurs intentions.

« Messieurs du Clergé,

« Vous, dont les instructions salutaires opposent une digue à ce torrent de corruptions et d'erreurs qui menace de toutes parts la religion de nos pères et leurs mœurs; vous dont la voix infatigable, dans la chaire de vérité, ne cesse de rappeler à l'homme les devoirs que lui impose sa double qualité d'homme et de citoyen, pourriez-vous refuser à la patrie expirante votre portion contributive dans ces richesses que vous devez à la munificence de nos rois, ou à la piété de nos ancêtres? L'Etat dont vous êtes membres vous assure, à l'ombre des autels, l'abondance et la paix, et cependant l'Etat est obéré, son crédit chancelle, n'a-t-il pas le droit d'espérer aujourd'hui que vous lui tendrez une main secourable et reconnaissante, et que vous consentirez que vos biens ne soient pas distingués de ceux des autres citoyens qui, accoutumés à recevoir de vous l'exemple de tant de vertus, n'en recevront qu'avec plus de fruit celui du patriotisme? Ah! sans doute, l'on a tout à espérer d'un corps où les lumières, les talents et les vertus sont toujours réunis, et qui jouit encore de l'avantage inappréciable d'être présidé par le modèle des prélats, digne objet de notre respect et de notre vénération.

« Messieurs de la Noblesse,

« Les droits et les pérogatives de notre ordre datent de l'époque de la fondation de la monarchie ; ils furent la récompense de la valeur de nos ancêtres, lorsque compagnons d'armes de leurs rois, ils étaient représentants de cette nation conquérante, et les seuls soutiens et défenseurs de l'Etat.

« Une possession aussi antique, précieux reste de la grandeur et de la puissance de nos pères, doit être respectée par tous les ordres du royaume ; elle forme essentiellement une des bases principales de notre constitution monarchique. Il est encore une possession non moins glorieuse pour nous, c'est celle de notre amour constant pour nos souverains, de cet esprit de patriotisme, de générosité qui, dans tous les siècles, a fait le caractère distinctif de la noblesse française.

« Quel moment plus favorable pourrions-nous choisir, Messieurs, pour nous honorer de ces vertus héréditaires, que celui où dans le sein de la nation assemblée, nous nous empresserons d'offrir à l'Etat notre portion contributive pour acquitter sa dette, perpétuer sa grandeur et conserver dans toute sa pureté l'honneur français.

« Nous nous empresserons aussi, Messieurs, d'offrir

à nos confrères du Tiers-Etat, de contribuer avec eux dans l'égalité la plus parfaite, toujours à raison de nos propriétés foncières et territoriales, aux dépenses nécessaires à la dignité du trône et à la défense de la patrie, c'est alors que cet ordre si digne à tous égards de notre amour, se dépouillant de ses préjugés, sera le premier à nous maintenir dans la conservation de ces droits et de ces prérogatives dont nous ne serons jaloux de faire usage, que pour le protéger dans tous les temps, pour le mettre à couvert du pouvoir arbitraire et repousser avec courage les entreprises téméraires de ces ministres audacieux sur la liberté publique.

« Messieurs du Tiers-Etat,

« Vous qui constituez essentiellement la partie la plus nombreuse et la plus intéressante du grand corps de la nation, soyez persuadés que votre bonheur fait l'objet principal des vœux des deux premiers ordres; qu'eux-mêmes ne se croiront heureux qu'autant qu'ils verront le peuple jouir de toute son aisance et de sa liberté individuelle; mais craignez de confondre la liberté avec la licence, et que les représentations permises ne ramènent le trouble et la confusion; n'oubliez pas, Messieurs, que l'indépendance respective des ordres est la base essentielle de la constitution. Songez qu'il est de votre intérêt de maintenir les justes prérogatives du clergé et de la noblesse, et ne doutez jamais que si les trois ordres étaient confondus en un seul, l'oppression facile de ce corps unique ne tarderait pas à vous faire repentir d'un succès aussi chimérique que momentané.

« Gardons-nous surtout, Messieurs, des démarches inconsidérées que pourraient nous conseiller des esprits ennemis de la paix ; laissez avec confiance le clergé et la noblesse délibérer sur la justice que vous avez le droit d'en attendre ; l'esprit de patriotisme et de fraternité dont ils sont animés vous répond d'avance du succès ; lorsque, constitués juges en leur propre cause, ils se trouveront placés entre leurs intérêts et leurs vertus, croyez qu'ils ne balanceront point, et que bientôt un même esprit, guidant les délibérations des trois ordres, fera résulter de leur concert le grand ouvrage de la félicité publique. »

Après le discours du Sénéchal, M. Malouet, un des délégués de Riom invite, dans un discours, les trois ordres à l'union, à la confiance mutuelle et exprime le désir que le clergé, la noblesse et le Tiers rédigent en commun le cahier des doléances et procèdent en commun aussi à l'élection des députés : « Le peuple, dit-il, victime des maux de toute espèce et des abus dont il attend la réparation, va déjà porter dans les campagnes l'espoir d'un meilleur ordre... »

S'adressant au clergé : « Votre saint ministère commande nos hommages; vos instructions, vos vertus, vos soins consolateurs ont établi entre vous et tous les citoyens des relations de confiance et de paix qu'il est important de maintenir, et dont la sagesse de l'illustre prélat qui vous préside sera l'indissoluble lien.

« Messieurs de l'ordre de la noblesse, continue-t-il, la dignité du peuple s'honore de la vôtre. Votre illustration, vos vertus, vos services, sont l'ornement du corps national; mais ses droits primitifs peuvent seuls donner une grande consistance aux vôtres. Si le peuple est malheureux, opprimé, le glaive du despotisme serait aussi suspendu sur vos têtes. Si, au contraire, la liberté, la justice, l'aisance deviennent son patrimoine, vous en partagerez les fruits, car la félicité publique est comme l'astre de la lumière, qui distribue également ses rayons dans la vaste étendue des cieux.

« Qu'avons-nous donc à faire, Messieurs, pour parvenir à ce point désirable?... Nous réunir, confondre nos intérêts dans l'intérêt général, qui ne nous trompera point, qui se présente comme un phare éclatant au milieu d'une nuit orageuse, qui ne commande point de sacrifices sans y attacher les plus douces récompenses. Ah ! Messieurs (mais ce n'est point à vous qu'il faut l'apprendre), qu'il est doux d'avoir un sacrifice à faire à ses citoyens! Combien la jouissance du bien qu'on leur procure n'est-elle pas supérieure à celle de tous les biens dont on les prive !

. . . .

« Unissons-nous donc, Messieurs, c'est le vœu que j'ai l'honneur de vous présenter de la part des communes ; le peuple ne veut être ni opprimé ni avili, et ne veut que cela ; telle est aussi l'intention du souverain ! Nous espérons, Messieurs, que nous trouverons dans les deux premiers ordres des défenseurs de cette prétention légitime, si elle pouvait être contestée; comme aussi vous pouvez compter, Messieurs, sur le concours du Tiers-Etat pour assurer aux deux premiers ordres la réparation de leurs griefs, la conservation de leurs droits; car s'il en était qui blessassent l'intérêt général de la nation, vous êtes trop généreux pour les défendre, et c'est de votre équité que ce sacrifice est attendu. »

Après ces discours, on procéda à la vérification des pouvoirs de chaque électeur, après quoi eut lieu le prestation du serment en présence du livre des saints Evangiles. Messieurs du clergé, en mettant la main sur la poitrine; Messieurs de la noblesse et du Tiers, en levant la main à Dieu, jurent de procéder fidèlement à la rédaction des cahiers des doléances et d'élire consciencieusement les plus notables personnages pour la députation aux Etats-Généraux. Après cela, le Sénéchal prononce la clôture de l'assemblée générale et chaque ordre se retire dans le lieu destiné à ses séances particulières.

CHAPITRE IX

ASSEMBLÉE DU CLERGÉ DE RIOM. — ÉLECTION DE SES DÉPUTÉS. — ASSEMBLÉE DE LA NOBLESSE DE RIOM. — SES DÉPUTÉS.

Assemblée du clergé. — L'assemblée du clergé, composée de six cents électeurs présents ou représentés, tint ses séances dans une église voisine du refuge ; elles se prolongèrent du 14 au 27 mars et furent quelque peu orageuses à l'occasion de la présidence. Le règlement disait : « L'assemblée du clergé sera présidée par celui auquel l'ordre de la hiérarchie a déféré la présidence. » Assurément le premier dans la hiérarchie, c'est l'évêque ; il devait donc présider ; là n'était pas la contestation. Elle était dans la réponse à la question suivante : En l'absence de l'évêque, à qui la présidence doit-elle être déférée ? L'évêque et plusieurs membres de l'assemblée prétendaient que la présidence appartenait à celui qui serait délégué par l'évêque ; les curés, au contraire, soutenaient qu'elle devait être déférée au plus ancien des curés, attendu que, dans la hiérarchie, après l'évêque viennent les curés. Le différend fut porté devant le Sénéchal, qui prononça en faveur de l'évêque. Celui-ci nomma donc pour présider l'assemblée en son absence M. de Pont de La Grange, un de ses vicaires généraux.

Le clergé tint sa première séance le soir du jour où eut lieu l'assemblée générale des trois ordres, c'est-à-dire le 14 mars. L'évêque vint la présider et prononça un discours vivement applaudi. Ce jour et le lendemain, l'assemblée se constitua en nommant un secrétaire, qui fut M. Boyer, curé de Neschers, et quatre réviseurs des procès-verbaux qui furent : Delcher, curé de Brioude ; Bouchy, curé de Bromont ; dom Gerle, prieur de la Chartreuse Sainte-Marie, et Ordinaire, chanoine de Saint-Amable, de Riom.

Le 16 mai, l'assemblée nomma des commissaires pour réduire en un seul tous les cahiers de doléances apportés par les curés, les chanoines et les délégués des couvents. Leur travail fut discuté et accepté dans les séances suivantes.

La séance du 18 fut remarquable.

Depuis quelques jours, il était question de l'égalité de l'impôt. La noblesse et le clergé comprenaient la nécessité où ils étaient de payer la taille comme les roturiers et de faire le sacrifice de leurs privilèges pécuniaires. En effet, la chambre du clergé, presque à l'unanimité, vota ce sacrifice et rédigea un arrêté qui devait consacrer cette résolution. Cela fait, l'assemblée tout entière se rend en corps à la chambre du Tiers-Etat pour lui faire part de sa désicion.

Arrivé devant les électeurs du Tiers, M. de Pont, qui, ce jour-là, en l'absence de l'évêque, présidait le clergé, prit la parole et dit : « Messieurs, l'Etat se trouvant dans cette position où le secours de tous les citoyens lui devient nécessaire, le clergé de la Sénéchaussée d'Auvergne a unanimement fait le sacrifice de tous ses privilèges pécuniaires ».

Le président du Tiers répond :

« Messieurs, les vertus de l'ordre du clergé nous étaient un sûr garant des sacrifices que vous vous empressez de faire pour le soulagement du peuple ; ses réclamations sont justes ; personne ne peut mieux les apprécier que les ministres de la religion. Vous connaissez, Messieurs, les besoins des malheureux habitants de la campagne. Qu'il est glorieux pour vous de porter la consolation dans leur cœur, par votre généreuse résolution ! Le dévouement que vous nous montrez pour la chose publique, nous animant de la plus vive reconnaissance, ajoutera encore aux sentiments de vénération que nous avions pour un ordre aussi distingué pour ses vertus religieuses que par son patriotisme. »

Le clergé se retira, le Tiers-Etat en corps l'accompagna à travers la ville jusqu'au lieu de ses séances, criant : Vive le clergé ! Vivent les curés !

Le Tiers, avec enthousiasme, par un arrêté, fit part de la décision du clergé à toutes les communes de la Sénéchaussée. Cette décision du clergé ne plut pas à l'évêque. Il n'était pas opposé à l'abandon des privilèges pécuniaires, mais il prétendait, et avec raison, que le clergé de France tout entier ou les États-Généraux avaient seuls le droit de trancher une question si grave, et il rédigea dans se sens la protestation que voici :

« Nous, évêque de Clermont, sur la représentation qui nous a été faite du présent cahier comme étant le procès-verbal de l'assemblée ecclésiastique tenue à Riom, pour nommer des députés aux États-Généraux, Déclarons que nous ne pouvons signer le dit procès-verbal qu'en protestant contre l'abandon fait, dans la séance du 18 mars, de tous les privilèges pécuniaires du clergé, soit en raison de l'imcompétence de l'assemblée qui ne pouvait s'attribuer un pouvoir qui n'appartiendrait qu'au corps entier du clergé de France, soit à raison de la précipitation de cette démarche qui, faite avant aucun arrangement pris pour la dette du clergé, ne tend à rien moins qu'à détériorer l'hypothèque des créanciers, ce qui ne peut convenir ni à aucun particulier ni à un corps qui n'est qu'une très petite partie du clergé de France.

« Nous assurons, au surplus, qu'en réclamant contre

cet abandon, nous sommes aussi disposés qu'aucun de ceux qui ont composé l'assemblée à concourir, autant qu'il sera en nous, au bonheur comme au soulagement du peuple, mais d'une manière régulière et équitable, nous en rapportant à la sagesse des Etats-Généraux pour prendre à cet égard le parti qui leur paraîtra le plus convenable. — FRANÇOIS, évêque de Clermont. »

Les raisons que rapporte Mgr de Bonal sont péremptoires. Le clergé de l'assemblée de Riom s'était donc laissé entraîner par un enthousiasme irréfléchi et par l'exemple de la noblesse qui, elle aussi, la veille, avait fait le même abandon des privilèges pécuniaires.

Une preuve que Mgr de Clermont n'était pas opposé à l'abolition de ces privilèges pécuniaires, mais que seulement il trouvait le moment inopportun et l'assemblée incompétente, c'est qu'il fit insérer dans le cahier des doléances du clergé de Clermont l'article que voici :

« Article 36. — Le clergé de la Sénéchaussée de Clermont, toujours empressé de venir au secours de la patrie, charge spécialement ses députés de donner aux Etats-Généraux ses assurances les plus formelles et les plus sincères de son zèle et de son dévouement au soulagement de la nation, et les autorise expressément à consentir tous les sacrifices pécuniaires qui seront jugés, dans l'assemblée de son ordre, nécessaires aux besoins pressants de l'Etat. »

Enfin l'assemblée ecclésiastique de Riom s'occupa de l'élection de ses cinq députés aux Etats-Généraux. Furent élus :

MM. Boyer, curé de Nescher, près d'Issoire, remplacé par Antoine Bourdon, curé d'Evaux.

— De Labastide, curé de Pauliaguet, remplacé le 11 décembre 1789 par dom Gerle, prieur de la chartreuse Sainte-Marie.

— Bonnefoy, chanoine de Saint-Genet de Thiers.

— Brignon, curé de Dore-l'Eglise.

— Mathias, curé d'Eglise-Neuve, à la place de l'évêque qui n'acceptait pas.

Mgr de Bonal, nommé député à Riom et à Clermont, opta pour Clermont. Le clergé et la noblesse avaient droit de nommer deux suppléants aux députés. Les deux suppléants nommés par le clergé de Riom furent : Bourdon, curé d'Evaux et Christophe Anselme Gerle, qui remplacèrent Boyer et de Labastide. Toutes les opérations furent terminées le 27 mars.

Le choix de quatre curés et d'un seul chanoine prouve l'influence qu'eurent les curés des paroisses de la Sénéchaussée dans les élections. Il en fut de même à Saint-Flour et dans toute la France ; partout les curés triomphèrent sur les abbés, les chanoines, les hauts dignitaires ecclésiastiques ; partout ils eurent la prépondérance dans les collèges électoraux et imprimèrent aux assemblées du clergé leur physionomie et leur direction. Ils étaient les plus nombreux, grâce au règlement royal. Mgr de Bonal avait fait des réclamations contre certains points de ce règlement, disant combien était incomplète la convocation de l'ordre ecclésiastique aux Etats-Généraux : 1° à l'égard des chapitres cathédraux et collégiaux réduits à un député sur six chanoines, quoique chaque chanoine fût bénéficier distinct, tandis que les bénéficiers isolés y étaient admis personnellement ; 2° à l'égard des ecclésiastiques des villes ne possédant pas bénéfice, qui n'avaient qu'un délégué pour vingt, tandis que ceux des paroisses rurales, très nombreux presque partout, y étaient appelés tous indistinctement et individuellement.

Il est certain que le règlement donnait l'avantage aux prêtres des paroisses ; c'était une disproportion et même une injustice : une disproportion, puisque le nombre des ecclésiastiques haut placés était loin d'égaler le nombre des prêtres du second ordre ; une injustice, puisque chaque chanoine étant bénéficier était privé d'un droit acquis aux bénéficiers, le droit de voter. Pourquoi le premier corps de l'Eglise serait-il traité plus défavorablement que les curés et les prêtres des campagnes, étrangers aux affaires de l'administration? C'était porter atteinte à l'autorité de l'évêque, des grands vicaires, à la dignité des chanoines et favoriser l'indépendance du clergé du second ordre. Et, de fait, cette indépendance se manifesta dans les élections des députés. Presque tous les hauts dignitaires furent exclus de la députation.

On privait ainsi le pays du concours d'hommes expérimentés dans les affaires pour élire des curés, estimables d'ailleurs, mais incapables de fournir au gouvernement des ressources et des lumières.

Il y avait à cette époque, en Auvergne, des ecclésiastiques remarquables tels que de Pons de La Grange, qui fut plus tard archevêque de Bourges et cardinal. Micolon de Blanval, Nicolas de La Mousse, tous trois grands vicaires de Clermont ; M. de Rochebrune, grand vicaire de Saint-Flour, dont nous dirons la touchante histoire ; Meallet de Faulat, abbé de Montsalvy ; Jean-Baptiste de Vaux, comte de Brioude, vicaire général de Saint-Flour ; de La Beau, doyen de Saint-Chamant ; Joseph de Pestet, doyen du chapitre d'Aurillac ; Claude-Nicolas Ordinaire, chanoine de Sainte-Amable de Riom, écrivain distingué, etc. Tous ces ecclésiastiques avaient été membres de l'Assemblée provinciale, des Assemblées d'Élection ou des commissions intermédiaires ; ils étaient par conséquent expérimentés dans les affaires de l'époque. Ils furent repoussés.

Une autre raison de l'échec des hauts dignitaires dans les élections, ce fut l'antagonisme qui existait entre le haut clergé et le clergé du second ordre. Nous l'avons dit, les revenus ecclésiastiques étaient inégalement partagés ; il y avait les grands et les petits bénéfices ; il y avait les charges sans bénéfice. Les chanoines des cathédrales, des chapitres collégiaux, les abbés commendataires, les prieurs percevaient de gros revenus, tandis que de nombreux curés de paroisses étaient à la portion congrue. En outre, les premières dignités ecclésiastiques étaient données généralement aux fils de la noblesse. C'était là autant d'éléments de dissenssion. Partout s'élevaient des réclamations et se manifestaient les désirs de réforme, les idées d'égalité, de rénovation. Dans ce but, de même que la petite noblesse de province se ligua contre la haute noblesse, de même le bas clergé se ligua contre le clergé du premier ordre.

« De toutes parts, dit Taine, les curés se confondirent pour n'envoyer aux Etats-Généraux que des curés et pour exclure, non seulement les chanoines, les abbés, les prieurs et autres bénéficiers, mais encore les premiers chefs de la hiérarchie, les évêques. En effet, sur trois cents députés du Clergé, on compte aux Etats Généraux deux cent huit curés (1). »

Assemblée de la noblesse de Riom. — Pendant que le clergé tenait ses séances, la noblesse tenait

(1) *L'Ancien Régime*, pag. 98.

les siennes dans la salle des audiences du Sénéchal au Palais de Justice. Là se trouvèrent réunis 219 membres de la noblesse du ressort, représentant par eux ou par les procurations dont ils étaient porteurs, 397 gentilshommes nobles ou anoblis, ayant fief dans le territoire de la Sénéchaussée de Riom. Le Sénéchal présida. « Indépendamment de M. de Langeac, grand Sénéchal, on distingue dans cette foule de noms dont le plus grand nombre sort de la roture et constitue ce qu'on appelait les anoblis, tant était réduite cette grande et antique noblesse d'Auvergne, les noms historiques des Montboissier, des Montagu, des de Laqueille, des Lafayette, des Chabanne-Lapalisse, des Despinchal, des Bosredon, des Chazeron, etc. Ce qui est à remarquer, c'est qu'aucun d'eux ne prend le titre qui lui appartient; tous veulent être les égaux, les pairs des plus infimes; ils ne figurent qu'avec leurs simples noms ou prénoms : Alyre-Joseph-Gilbert de Langeac, — Claude-Philippe de Montboissier, etc. Il paraît, c'est de tradition, que pour ne froisser en rien les susceptibilités des nobles non titrés et des anoblis faisant plus de la majorité de l'ordre, ces gentilshommes des temps héroïques de la noblesse d'Auvergne se dépouillèrent d'un commun accord, dans cette circonstance solennelle, des titres qui auraient accusé en eux une pensée de prééminence. Il y a plus : sauf quelques noms trop marquants par eux ou par leurs aïeux, qui tiennent la tête de la liste, les autres, aussi nobles et preux, sont mêlés et confondus avec la masse (1). »

Les séances de la noblesse comme celles du clergé, se prolongèrent du 14 au 27 mars. M. de Molen de Saint-Poncy fut nommé secrétaire ; MM. de Laqueille et de Chabrol fils aîné, furent élus rédacteurs du procès-verbal.

Le 15 et le 16 mars, après avoir reçu et rendu la visite du Tiers et du clergé, selon les habitudes élégantes et polies de l'époque, l'Assemblée nomma pour rédiger le cahier des Doléances une commission de douze membres qui furent : de Laqueille, de Lafayette, de Mascon, de Chabrol, de Lormet, de Larochette-d'Auger, de La Rouzière, de Peyroux, de Laroche-Lambert, d'Espinchal, de Beaune et de Bosredon-Saint-Avit. Le cahier qu'ils rédigèrent fut discuté et adopté dans les séances suivantes.

Le 17 mars, la noblesse décida qu'elle paierait l'impôt territorial, la taille, se réservant pourtant, franc et quitte de toute imposition, le principal manoir de chaque gentilhomme, avec cour et jardin, ce qui est vulgairement appelé le *vol du chapon*, équivalant à quarante toises carrées autour du château. Après cette grave décision, l'Assemblée entière se rend en

(1) DANIEL, p. 167.

corps au lieu des séances du Tiers-Etat et le Sénéchal, prenant la parole, dit :

« Messieurs, je viens avec Messieurs de l'ordre de la noblesse vous annoncer qu'elle renonce à tous les privilèges pécuniaires; son intention est de vous prémunir qu'elle compte néanmoins demander une exception pour son principal manoir, connu sous le nom de *vol du chapon*, dans cette Province. »

Le président du Tiers répond : « Messieurs, quelles expressions pourraient employer Messieurs de l'ordre du Tiers-Etat pour vous faire connaitre les sentiments dont ils sont pénétrés ! Cette nouvelle preuve de patriotisme que vous venez de leur donner est digne de vous. Vous ne vous bornez pas à voter en faveur de plus de considération et de liberté pour le peuple, vous voulez combler son bonheur en partageant ses charges. Vos sentiments pour l'ordre du Tiers vous sont un sûr garant de son attachement et de sa déférence. »

Lorsque la noblesse se retira, le Tiers en masse l'accompagna, la saluant des cris : *Vive la noblesse !* Et celle-ci répondait : *Vive le Tiers ! vivent nos frères !*

Le lendemain, 18 mars, le Tiers-Etat, toujours dans l'enthousiasme, sur la proposition de Malouet, un de ses membres, prend l'arrêté suivant :

« L'Assemblée des communes de la Sénéchaussée d'Auvergne, en rentrant aujourd'hui dans sa Chambre, éprouve la plus vive impatience de se présenter en corps dans celle de la noblesse et de témoigner à cet ordre illustre les sentiments dont elle est pénétrée pour tous ses membres. Les fastes de notre histoire ne présentent pas de plus beaux mouvements de patriotisme que celui qui a conduit hier la noblesse de la Sénéchaussée d'Auvergne, dans l'Assemblée du Tiers-Etat et qu'en confondant tous les cœurs y a gravé ineffaçablement tous les droits. L'abandon généreux des privilèges pécuniaires est d'autant mieux senti par les communes, qu'elles ne se dissimulent pas que la richesse n'est pas, comme la générosité, l'apanage de l'ancienne noblesse d'Auvergne; mais elle retrouvera toujours, dans l'affection et la reconnaissance du peuple, l'honorable compensation de ses sacrifices. C'est pour en perpétuer le souvenir que l'Assemblée a résolu que le présent arrêté, écrit sur ses registres, et présenté à l'ordre de la noblesse par son président, serait imprimé et publié dans toutes les paroisses du ressort, afin que les gens des campagnes apprennent qu'ils n'ont au-dessus d'eux, dans l'ordre illustre de la noblesse, que des protecteurs et des amis. »

Après l'adoption de cet arrêté, la Chambre des communes toute entière se rend à la Chambre de la noblesse et, lui présentant l'arrêté, le président du Tiers, Dufraisse de Cheix, prononça ces paroles.

« Messieurs, vos ancêtres méritèrent les distinctions qu'ils vous ont transmises par leur dévouement à la patrie : vous leur donnez, Messieurs, un nouvel éclat ; vous en retranchez tout ce qui pourrait en altérer la pureté : vous ne comptez plus les avantages pécuniaires que pour ce qu'ils doivent être, le prix de l'industrie et non le signe de l'honneur. Jouissez, Messieurs, du spectacle touchant qu'a produit votre généreuse initiative et voyez maintenant si vos droits légitimes n'auraient pas de zélés défenseurs dans un peuple sensible qui ne demande que justice (1). »

Après cette émouvante scène, les communes se retirèrent dans leur Chambre et la noblesse continua ses opérations. Elle nomma ses députés aux États-Généraux. Ce furent :

— Le marquis de Langeac, Sénéchal, remplacé bientôt, après décès, par Gaspard-Claude-François de Chabrol, lieutenant criminel de la Sénéchaussée de Riom.

— Le marquis de Lafayette.

— De Laqueuille, marquis de Châteaugay.

— Le marquis Begon de La Rouzière, remplacé quelques mois après par M. de Montlosier.

— Le comte Jean-Baptiste de Mascon.

Le 27 mars, tout fut terminé.

(1) *L'Auvergne en 1789.* — *Châteaugay et ses seigneurs*, p. 177.

CHAPITRE X

ASSEMBLÉE DU TIERS-ÉTAT DE RIOM. — ELECTION DE SES DÉPUTÉS. — SA CLÔTURE.

Assemblée du Tiers-Etat. — M. Tailliardat de La Maison-Neuve, procureur du roi, ouvrit la première séance de l'Assemblée des communes par le discours suivant :

« Messieurs,

« Oublions les maux qui ont précédé les jours heureux dont nous voyons l'aurore : ou plutôt n'en conservons le souvenir que pour exciter notre ardeur à les réparer.

« Nous touchons à l'époque où la première nation de l'univers doit prendre une constitution digne d'elle. Son roi lui tend les mains, pour la faire arriver à cette heureuse révolution.

« Le danger et les abus du pouvoir illimité ont convaincu le monarque qui nous gouverne, que dans un tel pouvoir, son cœur ne pouvait goûter que quelques instants de satisfaction.

« Assimilant l'éclat des règnes absolus à cette funeste lueur qui brille aux incendies et qui ne s'alimente qu'en dévorant nos trésors, ce monarque si digne de notre amour vient chercher le bonheur dans celui de ses fidèles sujets. Secondé par un ministre vertueux qui partage ses sentiments de justice et de bienfaisance, il les appelle autour de lui pour établir avec eux un commerce réciproque de confiance et d'amour, travailler de concert à remédier aux maux de l'Etat dont son cœur a si souvent gémi, et à une constitution qui soit pour toujours l'appui de sa couronne et le rempart de la liberté publique. Quel spectacle attendrissant pour des cœurs français! Quelle sublime leçon pour tous les souverains de la terre! O mon prince, vous serez leur modèle quand ils verront votre puissance et votre bonheur!

« L'ordre du Tiers-Etat peut, à juste titre, se regarder comme la force et le véritable soutien de cette monarchie. C'est lui, en effet, qui la vivifie par les travaux paisibles et féconds de l'agriculture, par le commerce, les manufactures, les arts et les sciences. Il fournit les défenseurs de l'innocence, des faibles et des opprimés, les organes et les dépositaires des lois et des ordonnances; son sang coule à grands flots pour la défense de la patrie. Elle lui doit encore la presque totalité des ministres des autels, qui s'occupent journellement et de plus près de l'instruction, des besoins et des soulagements du peuple et de la propagation de notre religion sainte.

« L'Etat qu'enrichit cette classe précieuse de citoyens lui doit donc, par un retour, la protection, l'estime et la confiance. Aussi est-ce pour cet ordre intéressant que notre monarque, juste et bienfaisant, a principalement manifesté sa sollicitude et sa bonté paternelle. Pour le rétablir dans ses droits imprescriptibles, et le placer au rang qui lui est dû, il lui tend un sceptre dont tant de rois font un usage si différent.

« Les distinctions parmi les hommes se sont formées en même temps que leurs sociétés. Elles sont indispensables pour le bonheur commun et la splendeur du gouvernement. Si le pauvre est utile au riche, le riche n'est pas moins nécessaire au pauvre. Les privilèges honorifiques sont un objet d'invitation et d'énergie pour le plébéien qui, par l'effet d'une louable ambition, travaille sans relâche à les obtenir par ses services et ses vertus. Loin de nous donc, l'idée d'attaquer des privilèges aussi utiles. Ce projet ne peut exister que dans des têtes exaltées et sans principes moraux.

« Il en est autrement des exemptions pécuniaires; mais déjà plusieurs princes du sang royal, les ducs et pairs de France, la noblesse entière de plus d'une Province, en ont fait le sacrifice; déjà ils ont porté au pied du trône, leur vœu de contribuer aux impôts et charges publics dans la juste proportion de leur fortune. Quel tribut d'éloges et de reconnaissance ne doit pas le Tiers-Etat à une preuve aussi éclatante de zèle pour la prospérité de l'Etat, et le désir de cimenter l'union entres tous les ordres ? De quel heureux présage n'est pas ce sacrifice généreux ? Ah ! n'en doutons pas ; il tarde au clergé et au corps entier de la noblesse du royaume de manifester les mêmes dispositions patriotiques. Soyons convaincus qu'un ordre consacré à maintenir, par ses exemples et ses vertus, une religion de charité et d'humanité, qu'un autre ordre que nous voyons dans les annales de l'histoire se distinguant toujours par sa générosité et son dévouement pour son roi et sa patrie, soyons convaincus, dis-je, que ces deux ordres renonceront librement à des exemptions contraires au bien général, à des privilèges que la raison et l'équité réprouvent.

« Je vois avec attendrissement ce sacrifice héroïque des deux premiers ordres, faire cesser les alarmes et les réclamations du Tiers-Etat, ôter tout sujet d'une défiance réciproque ; lever les obstacles qui pouvaient s'opposer à la réunion si désirable des trois ordres et exciter entre eux un combat d'émulation et de patriotisme.

« Oui, Messieurs, c'est par un plus grand amour du

bien public que nous devons chercher à l'emporter sur les deux autres ordres. Cette noble passion anéantira toutes les autres, fera disparaître les jalousies et les rivalités de corps et foulera aux pieds les systèmes et les préjugés, pour n'écouter que la voix seule de la raison et de l'équité. Guidés par le même esprit, les volontés et démarches tendant toutes au même but, nous arriverons, sans efforts, au point de réunion où nous attendent la liberté, la gloire et la félicité publiques.

« Animés de sentiments de paix, de concorde et de patriotisme, unissons-nous donc au meilleur des rois qui nous appelle, pour élever avec lui l'édifice immortel sur lequel doivent reposer les droits de sa couronne et ceux de la nation. Exposons nos maux et nos besoins à ce père tendre. Demandons avec respect, mais avec confiance ; imposons-nous le devoir de ne demander jamais, malgré le sentiment de nos forces, que ce qui nous parait rigoureusement juste. Ne mettant notre ordre au dessus d'aucun autre, ne perdons pas de vue que si tous les ordres de l'État se doivent une justice et un attachement réciproques, le nôtre doit le respect à celui du clergé, et la déférence à celui de la noblesse. Formons une ligue sacrée pour repousser les efforts des ennemis du bien public et triompher de tous les obstacles qu'ils chercheront à apporter au grand œuvre de notre régénération. Réunissons nos forces et nos vertus patriotiques pour répondre aux intentions paternelles de notre Souverain, et ne laissons pas échapper l'occasion, qui peut-être ne se représenterait jamais, celle de recouvrer pour toujours une douce et sage liberté.

« L'acte le plus important qui doit précéder l'Assemblée des Etats généraux est sans doute la nomination de ceux qui y seront députés. Par cette nomination, nous coopérerons à la formation du conseil suprême du monarque et de la nation, de ce conseil de l'organisation duquel dépend le salut de l'Etat. Les députés que nous nommerons ne seront pas seulement les représentants de notre Sénéchaussée, ils le seront de la France entière… Pénétrons-nous donc de cette grande vérité, que pour leur choix, la voix seule de la conscience doit être écoutée ; que l'intérêt particulier, la crainte, la déférence ne doivent influer en rien sur les suffrages ; qu'ils sont dus aux hommes d'un esprit sage, aux citoyens à qui leurs talents et surtout la probité ont acquis la considération et l'estime générale. »

Lorsque le Procureur eut fini, le Président du Tiers-Etat, Dufraisse de Cheix, prit la parole et dit :

« Messieurs,

« L'amour du meilleur des rois vient porter la tranquillité et l'espérance dans nos cœurs ; nous pouvons espérer de voir renaître des temps heureux. Louis XVI, plus jaloux du bonheur de ses peuples que d'une autorité qu'il veut ne faire exister que dans le cœur de ses sujets, les appelle au pied du trône, pour sonder la profondeur des plaies de l'Etat, et pour faire succéder l'amour et la liberté à la crainte et à la défiance. Les sollicitudes, les sacrifices que s'impose un roi protecteur de l'humanité, promettent à la nation que tous les Français seconderont des vues si magnanimes. Réunissons donc, Messieurs, nos esprits et nos cœurs pour ne former qu'une volonté; oublions nos droits particuliers pour le bien général; dans l'intérêt de tous se trouve l'avantage de chaque citoyen; réunissons-nous aux deux premiers ordres du royaume, et, en reconnaissant ce qui est dû au clergé et à la noblesse, soutenons nos droits avec fermeté et cet esprit de sagesse et de conciliation si nécessaire pour s'assurer de la vérité, même sur les points les moins importants de l'administration.

« Qu'il me soit permis, Messieurs, dans ce moment, présage de notre bonheur, de vous témoigner ma sensibilité de présider un ordre qui, par l'utilité de ses emplois et ses nombreux rameaux, est la source la plus abondante de la gloire et de la prospérité de l'Etat, et de me féliciter de vivre sous un prince qui nous engage à faire usage du progrès des connaissances et des lumières pour élever la voix en faveur du bien et de la liberté publique.

« Ne négligeons aucun moyen pour assurer et conserver notre constitution ; un grand roi veut en rétablir la base par les premiers fondements, moyen puissant pour prolonger la durée et la splendeur de son empire. Que le Tiers-État, par sa générosité et son union, concoure aux vues bienfaisantes du Gouvernement, et prouve qu'étant la principale force de la nation, il mérite d'en être considéré. Quels services, en effet, ne rend-il pas à la patrie? Tout est de son ressort, l'agriculture, les arts libéraux, le commerce. Dans la paix, il enrichit le royaume et l'éclaire par ses connaissances profondes et utiles; dans la guerre, guidé par le seul amour de la patrie, il vole sous les drapeaux pour défendre son pays et faire respecter la puissance française et son souverain. C'est dans le Tiers qu'elle choisit le plus grand nombre de pasteurs, cette portion précieuse et respectable d'un ordre distingué qui, en propageant par leur instruction et leurs mœurs la religion et la morale, portent encore la consolation et la paix dans l'asile du malheureux et dans la chaumière du pauvre.

« Nos avantages, Messieurs, ne doivent cependant point nous enorgueillir et nous faire oublier ceux des deux premiers ordres. Le clergé, honoré pour ses vertus et ses connaissances, ne se contentera pas de former aux pieds des autels des vœux pour la prospérité de l'Etat, il s'empressera de nous donner de nouvelles preuves de son zèle par des sacrifices et méritera toujours plus notre reconnaissance et notre vénération.

« La noblesse, toujours prête à se sacrifier pour son roi et sa patrie, ajoutera à son patriotisme par l'abandon qu'elle va faire, avec les princes et les pairs, de ses privilèges, pour partager avec vous les charges publiques. Ce généreux sacrifice est digne des gentilshommes d'Auvergne qui, dans tous les temps, ont eu parmi eux des héros, et ils se montreront empressés, n'en doutez pas, d'ajouter aux lauriers de leurs ancêtres la palme des vertus civiles.

« Le choix de vos députés doit être un des objets les plus importants de vos soins, de vos réflexions; il exige tout votre discernement. En effet, c'est à eux que vous confiez vos intérêts les plus chers, ce sont eux que vous chargerez de faire connaître votre respect, votre amour pour le Souverain, et votre dévouement pour la patrie. Tâchons donc, Messieurs, de commettre pour nos représentants, des citoyens qui, répondant à notre confiance, portent dans l'auguste Assemblée de la nation, les talents, la franchise, l'esprit d'union et de concorde qu'exigent les circonstances présentes; regardons-nous comme une même famille, remettons-en les intérêts à ceux qui ont le plus d'avantages pour les soutenir. Que l'amour du bien public soit notre seul guide, et que tous les sentiments que pourraient faire naître les liens du sang ou de l'amitié lui soient subordonnés ; pensons que nos députés appartiennent à la nation, et que nous sommes leurs garants ; ils seront les organes de tous nos sentiments; nous devons donc désigner dans notre loyauté et conscience ceux qui nous paraissent les plus dignes. Si nous possédons des citoyens qui, honorés de la confiance de leur maitre et accoutumés à traiter des objets d'administration, aient déjà donné des preuves de leurs talents, des qualités de leur cœur et de leur patriotisme, si la province possède ces citoyens précieux, empressons-nous de les charger de nos intérêts et de ceux de la France. Vous trouverez, Messieurs, dans les personnes appliquées aux affaires, aux sciences, au commerce, des sujets dignes de votre choix, mais vous ne devez pas les circonscrire dans ces seules classes. De vertueux et riches laboureurs, devant leur bonheur à l'innocence de leurs mœurs, et leurs richesses au succès de l'agriculture et à leur vigilance dans les travaux champêtres ; d'honnêtes bourgeois des campagnes tirant leur dignité des vertus sociales qu'ils pratiquent, éloignés des faux biens de l'opinion et de toute activité oisive qui tient souvent lieu d'étude : ces hommes peuvent, avec un sens droit, fournir des vues aussi utiles qu'approfondies et méritent vos suffrages.

« Qu'il est flatteur, qu'il est glorieux pour chaque sujet de communiquer avec son roi et de pouvoir contribuer au bonheur de ses concitoyens, en ajoutant un rayon à la masse générale des lumières ! Ne négligeons donc rien pour les étendre et les propager, puisque ce sont elles qui accéléreront l'harmonie publique, qui seule rend les Etats florissants et les peuples heureux.

« Que la diversité et la grandeur des objets qui nous sont confiés, nous animent d'une noble émulation, et nous rendent jaloux de répondre aux vues paternelles d'un roi bienfaisant qui, adressant à un ministre vertueux et patriote ces touchantes paroles : *Je n'ai eu depuis quelques années que des instants de bonheur,* témoigne que sa félicité est attachée à celle de ses peuples ; sentiment qui doit à jamais pénétrer nos cœurs de la plus vive reconnaissance, nous faire employer nos biens, nos veilles et tous nos soins à donner à cet auguste monarque des preuves de notre amour, de notre fidélité, et prouver à l'Europe qu'il suffit d'être Français pour être animés de l'esprit de générosité et de patriotisme. »

Après quelques autres discours où les orateurs proclament invariablement la bonté du roi, le maintien des trois Ordres et la réforme des abus, après avoir essayé inutilement d'amener la noblesse et le clergé à choisir en commun les députés et à rédiger en un seul les cahiers des trois Ordres, l'Assemblée du Tiers-État de la Sénéchaussée de Riom nomma ses députés aux Etats-Généraux. Cinq cent cinquante-sept électeurs prirent part au scrutin. Furent élus :

— Pierre-Victor Malouet, intendant de marine.

— Dufraysse de Chaix, lieutenant général (1).

— Claude Redon, avocat à Riom.

— Gilbert de Riberolles de Martinanches, négociant à Thiers et dont le grand-père avait été anobli.

— Girot-Pouzol, avocat.

— Branche, avocat à Paulhaguet.

— Pierre Andrieu, avocat au baillage de Montpensier, maire d'Aigueperse.

— Jean-Joseph Vimal-Flouret, négociant à Ambert.

— Jean-Baptiste Grenier, avocat au présidial de Riom, né à Brioude, secrétaire de l'Assemblée provinciale d'Auvergne. Il ne faut pas le confondre avec Jean Grenier, né aussi à Brioude, membre du conseil des Cinq-Cents, plus tard baron de l'Empire, jurisconsulte distingué.

— Taillardat de La Maison-Neuve, procureur du roi à Riom.

Les opérations commencées le 14 furent terminées le 27 mars.

Dix députés du Tiers, cinq de la noblesse, cinq du

---

(1) Il était permis au Tiers de choisir ses députés parmi les nobles.

clergé, en tout vingt députés aux Etats-Généraux, pour la Sénéchaussée de Riom.

Les travaux étant terminés dans les trois Assemblées, le Sénéchal réunit de nouveau, le 28 mars, le clergé, la noblesse et le Tiers dans la grande salle du Palais de Justice et prononça la clôture de leurs séances en ces termes :

« Messieurs,

« Quel spectacle imposant !... Les trois ordres assemblés et réunis par le même esprit! L'amour du bien public qui élève l'âme est seul capable d'opérer ce prodige. Plus de jouissance particulière, plus de félicité qui ne soit générale. Ce sentiment sublime en exige le sacrifice ; mais il lui ôte le regret qui en est la suite ordinaire. Conservons, Messieurs, cette sainte union ; elle est l'avant-goût du bonheur solide que nous préparent les Etats-Généraux ; et nous, à qui la Province a confié ses intérêts, portons dans cette auguste Assemblée cette concorde, cette même harmonie qui fait ici l'objet de notre vénération. Armons-nous de courage et de fermeté ; il s'agit de briser nos fers et de nous assurer un bonheur durable.

« Vous, Messieurs de l'ordre du clergé, dont l'exemple nous édifie et nous encourage, animez-vous de ce saint zèle et adressez vos prières ferventes auprès du Très-Haut, afin de nous obtenir du concours des deux puissances législative et exécutrice une constitution plus conforme à leur véritable gloire et à notre félicité. Votre respectable et digne chef, qui mérite plutôt l'admiration que la louange, s'empressera sans doute de concourir avec vous à ce bien général. Vos sacrifices sont grands; mais quel plus grand et plus puissant motif que celui de soulager des besoins publics et si urgents!

« Et vous, Messieurs, que la naissance et les services ont placés au premier rang; vous qui venez de donner un exemple mémorable de votre désintéressement et de votre dévouement au bien public par les sacrifices que vous lui faites, qui faisant taire un fol orgueil, ne dédaignez pas de vous associer avec les derniers citoyens pour partager avec eux le poids des impositions nécessaires au rétablissement des finances, à la dignité du trône et à l'entretien des armées de terre et de mer, pour rétablir la prépondérance de notre Empire sur toutes les puissances de l'Europe, recevez par ma voix l'hommage de la reconnaissance éternelle que vous doivent vos concitoyens.

« Pour vous, Messieurs du Tiers-Etat, vous la portion la plus nombreuse, la plus utile, ou plutôt la plus nécessaire de ce royaume qui alimentez, qui enrichissez les autres classes de citoyens; vous surtout, qui ne partagez pas la jouissance que vous procurez, votre misère a pénétré l'ordre de la noblesse de la plus vive douleur et l'a déterminé, plus que toute autre considération, à la généreuse résolution qu'il a prise de contribuer comme vous aux charges publiques, espérant qu'il allègera le poids de vos impositions par les siennes.

« Vous enfin, Messieurs, que j'ai eu l'honneur de présider ou collectivement ou séparément, daignez agréer les remerciments que je vous dois à tant de titres ; ils sont sincères et la reconnaissance qu'ils m'imposent ne finira qu'avec moi. Mais nous séparerons-nous, Messieurs, sans laisser ici des preuves de notre sensibilité à tout ce que les vertueux habitants de cette cité ont fait pour nous ? Que d'égards, que d'attentions, que de soins ! Leur générosité n'a point eu de bornes, pouvons-nous en mettre à notre reconnaissance ? A défaut d'un monument fragile, gravons-en l'empreinte dans le fond de nos cœurs, et consacrons-en le souvenir dans nos annales, afin que nos neveux en acquittent la dette. »

M. le président du Tiers-Etat, le lieutenant-général du Fraysse, après cette allocution du grand Sénéchal, prit la parole au nom de son ordre et dit :

« Messieurs,

« Les communes de la Sénéchaussée d'Auvergne, au moment de leur séparation, me chargent d'avoir l'honneur de vous exprimer encore une fois l'impression qu'elles conservent de toutes les circonstances, et des heureux résultats de la réunion des trois ordres. Ah ! Messieurs, vous ne l'oublierez sûrement pas, la liberté et le bonheur d'un peuple bon et sensible peuvent seuls assurer votre liberté et votre bonheur ! Il n'y a point de dignité, point de prérogatives qui puissent être assurées contre le vœu et les intérêts du peuple, et toute institution est sacrée, tout est stable quand il est heureux.

« Messieurs de l'Ordre du clergé,

« Que les vertus qui vous sont propres et qui donnent encore plus d'énergie aux qualités et aux talents, vous conservent l'honorable privilège de nous donner l'exemple de tout le bien que l'on peut faire aux hommes.

« Messieurs de l'Ordre de la noblesse,

« Que votre dévouement héroïque à la patrie, si souvent imité par les communes, soit le lien fraternel qui nous unisse; vous venez de prouver au peuple qu'il vous est cher, et vous en avez reçu l'inviolable assurance qu'il vous chérit et vous honore.

« Messieurs de l'Ordre des communes,

« Que la paix, la confiance et l'affection mutuelle rentrent avec vous dans vos foyers; vous allez être investis des droits des citoyens. C'est un dépôt sacré que vous devez rendre dans toute sa pureté à vos descendants, en leur apprenant les généreux sacrifices du clergé et de la noblesse. Les pouvoirs que vous nous avez donnés et les devoirs qu'ils nous imposent, sont de vous garantir de toute oppression et de soutenir vos droits avec sagesse et fermeté. Messieurs de la noblesse vous ont assuré qu'ils s'uniraient à nous pour le bien de l'Etat ; que ne devons-nous pas espérer d'un ordre qui a choisi pour ses représentants des gentilshommes dont les vertus et les talents égalent le patriotisme. »

Après ces manifestations réciproques d'affectueux dévouements, les trois Ordres de la Sénéchaussée de Riom se séparèrent pour ne plus se réunir...

CHAPITRE XI

ASSEMBLÉE DE LA SÉNÉCHAUSSÉE DE CLERMONT. — ÉLECTION DES DÉPUTÉS DE CETTE SÉNÉCHAUSSÉE AUX ÉTATS-GÉNÉRAUX.

Pendant que les trois Ordres de la Sénéchaussée de Riom tenaient leurs séances, les trois ordres de la Sénéchaussée de Clermont tenaient les leurs.

Les électeurs de cette dernière Sénéchaussée, qui n'avait pas de bailliage secondaire, ne dépassaient pas cinq cents : quatre cents environ pour le clergé et le Tiers-État, un peu plus de cent pour la noblesse, tandis qu'à Riom le nombre des électeurs pour les trois Ordres s'élevait à plus de quatorze cents.

Le 17 mars 1788, trois jours après celle de Riom, eut lieu dans l'église des Carmes, à Clermont, l'Assemblée générale des trois Ordres de la Sénéchaussée, sous la présidence du sénéchal Gabriel Annet de Bosredon.

Rien de remarquable ne se passa dans cette Assemblée générale, si ce n'est l'incident relatif au nombre des députés.

La Sénéchaussée de Clermont n'avait, aux termes du règlement, que quatre députés à nommer : deux pour le Tiers, un pour le clergé et un pour la noblesse. Mais l'Assemblée se considérant comme lésée par cette attribution d'un nombre de députés qui, disait-elle, était inférieur à sa population et à son importance, résultat évident d'une erreur, ajoutait-elle, se crut le droit de doubler le nombre et prit à cet égard une décision hardie qu'elle exécuta comme nous allons le voir.

Après la prestation du serment, chaque ordre se retira dans la salle qui lui était destinée afin de rédiger ses cahiers et d'y nommer ses députés.

Clergé. — L'Assemblée du clergé, tenue dans la chapelle de l'Evêché, comptait deux cent quatre membres, y compris les absents représentés par leurs fondés de pouvoir. L'évêque, président de droit, mais il ne le donne pas. L'Assemblée se constitua en nommant un secrétaire, des réviseurs et une commission pour rédiger le cahier des doléances; puis elle songea à élire des députés. L'évêque fut nommé deux fois par acclamation, mais il exigea qu'on procédât régulièrement et par voie de scrutin, la majorité lui fut acquise.

On procéda ensuite à l'élection du député éventuel, selon la décision de l'Assemblée générale : M. Thourin, curé de Vic-le-Comte, fut nommé, mais n'étant pas agréé par le roi et les Etats-Généraux, l'évêque resta seul député du clergé de Clermont.

Après son élection, l'évêque étant allé à Riom présider l'Assemblée du clergé de cette Sénéchaussée, la noblesse de Riom lui envoya une députation pour le complimenter du choix qu'on avait fait de lui.

« Monseigneur, dit M. de Laqueuille, président de la députation, l'Ordre de la noblesse de la Sénéchaussée d'Auvergne nous fait l'honneur de nous députer auprès de vous pour vous témoigner sa satisfaction sur le choix que la Sénéchaussée de Clermont a fait de vous pour son député aux Etats-

Ordres concourent ensemble pour le bien général de la patrie ; le respect, la vénération et l'amour sont les sentiments que vous avez inspirés à la noblesse ».

L'évêque se rendit à l'Assemblée de la noblesse et dit :

« Pénétré de la plus vive reconnaissance de la marque de bonté que vous venez de donner, je viens avec empressement vous témoigner la sensibilité qu'elle m'inspire. L'attendrissement que j'en éprouve contraint mes expressions. J'ai l'honneur d'être né gentilhomme et quoique je ne sois pas de cette Sénéchaussée, je m'empresserai toujours de concourir, avec les députés que vous avez choisis, au bien général de la patrie qui m'est devenue commune avec vous.

« Recevez les assurances de mon respect et de

sacerdotal ainsi que le zèle le plus pur pour la gloire du roi, le bonheur de la patrie, et de reconnaissance pour les témoignages d'affection que j'ai reçus d'un clergé que j'honore et chéris également. Je n'oublierai rien pour remplir tout ce que l'Assemblée attend de mon attachement invincible aux intérêts de l'Eglise et à ceux de l'Etat. »

Noblesse. — Ce fut dans une des salles du Palais de Justice que la noblesse de la Sénéchaussée de Clermont tint son assemblée sous la présidence du sénéchal de Bosredon (1). Le cahier des doléances fut discuté et arrêté. Après discussion, l'abolition des privilèges pécuniaires fut prononcée, mais restreinte. La noblesse se réservait franche de tout impôt l'étendue de terrain d'un rapport équivalent à la valeur de cinquante septiers, mesure de Paris. Le sacrifice de la noblesse de Clermont fut moindre que celui de la noblesse de Riom qui ne se réserva que le *vol du chapon*. On procéda enfin à l'élection des députés. Furent nommés :

Le comte de Montboissier.

Barentin de Montchal.

Ce dernier ne fut pas accepté.

(1) Les nobles réunis en cette Assemblée du 17 mars 1789 étaient au nombre de 303. Fouillet en donne la liste dans son *Nobiliaire d'Auvergne*, t. VII, p. 447.

Tiers-Etat. — Rien dans le procès-verbal de l'Assemblée du Tiers qui mérite d'être relaté. Elle était présidée par Chamerlat, lieutenant général de la Sénéchaussée de Clermont. Les députés choisis furent :

Gauthier-Biauzat, avocat à Clermont, né à Vodable.

Jacques-Antoine Huguet, avocat, maire de Billom.

Les deux députés éventuels furent Monestier, médecin et Cuel, de Vic-le-Comte, qui, nommés en dehors du règlement, ne furent pas acceptés. Le gouvernement blâma fortement les trois ordres de Clermont de cette infraction à la loi.

Les travaux des trois Ordres de la Sénéchaussée de Clermont étant terminés, le Sénéchal prononça la clôture de leurs Assemblées.

CHAPITRE XII

ASSEMBLÉE DU BAILLIAGE DE SAINT-FLOUR. — ÉLECTION DES DÉPUTÉS DE LA HAUTE-AUVERGNE. — APERÇU GÉNÉRAL SUR LES 36 DÉPUTÉS D'AUVERGNE.

En Haute comme en Basse-Auvergne, les élections furent faites selon le mode indiqué par le règlement royal.

Le grand bailli des montagnes d'Auvergne, à Saint-Flour, Joseph-Louis-Robert de Lignerac, duc de Caylus, ayant reçu les lettres de convocation des États-Généraux, les envoya aux lieutenants généraux des bailliages secondaires de la Haute-Auvergne avec ordre de les publier.

Ce fut par ordonnance du 23 février 1789 (1) qu'Antoine Lescurier de Lavergne, seigneur d'Espérières, Peupany et autres lieux, conseiller du roi et lieutenant général et criminel du bailliage de Salers, fit publier ces lettres dans toutes les paroisses de son ressort. En vertu de ces lettres et ordonnances, les

(1) Voir cette ordonnance aux pièces justificatives n° 2.

habitants des paroisses se réunirent au lieu accoutumé au son de la cloche, rédigèrent leurs cahiers de doléances et choisirent leurs délégués. Puis tous ces délégués du Tiers, des diverses communes, se rendirent à Salers où ils se constituèrent en Assemblée bailliagère, le 16 mars 1789, sous la présidence du lieutenant-général. Dans cette Assemblée, tous les cahiers des communes furent réduits en un seul et le nombre des délégués fut abaissé au quart. Ce quart, portant le cahier du bailliage, se rendit à Saint-Flour pour l'Assemblée générale qui devait se tenir le 22 mars, et où devaient être élus les députés aux États-Généraux.

De leur côté, les lieutenants-généraux d'Aurillac, de Vic et de Murat tinrent leurs Assemblées bailliagères où eurent lieu les mêmes opérations qu'à Salers. Le lieutenant-général de Saint-Flour agit de même pour son bailliage et toutes les Assemblées bailliagères de la Haute-Auvergne ayant terminé leurs opérations, les électeurs envoyés par ces bailliages prennent le chemin de Saint-Flour où ils arrivèrent tous le 22 mars, jour désigné pour l'Assemblée générale des trois Ordres de la Haute-Auvergne. Les nobles et les prêtres électeurs n'avaient pas assisté aux réunions des bailliages; étant électeurs directs, ils s'étaient rendus directement de chez eux à Saint-Flour.

L'Assemblée générale fut présidée par le duc de Caylus. On discuta certaines questions relatives aux élections; on prêta serment d'élire en conscience les plus dignes personnages et on se sépara. Chaque ordre tint ses séances particulières, rédigea tous les cahiers en un seul et élut ses députés. Le clergé eut trois députés à choisir, la noblesse trois, le Tiers six.

Voici les noms des élus :

Clergé. — Mgr Claude-Marie de Ruffo, évêque de Saint-Flour.

— Joseph Bigot de Vernières, curé de Saint-Flour.

— Etienne Lollier, curé d'Aurillac.

Noblesse. — Robert de Lignerac, duc de Caylus, bailli de la Haute-Auvergne.

— François-Pierre de Saint-Martial, baron de Conros d'Aurillac.

— Le baron Amable de Brugier de Rochebrune d'Oradour, canton de Pierrefort.

Tiers-Etat. — Bertrand, avocat à Saint-Flour.

— François Armand, avocat.

— Devillas, avocat à Pierrefort.

— Jean Daude, avocat à Saint-Flour.

— Antoine Lescurier, lieutenant général au bailliage de Salers, natif d'Anglards où sa famille était une des plus riches et des plus distinguées du pays; elle possédait Fournols et autres propriétés.

— Pierre Hébrard du Fau, avocat à Aurillac.

On remarque qu'à Saint-Flour comme à Riom la classe des curés l'emporte sur les hauts dignitaires ecclésiastiques et que dans le Tiers, sur six députés il y a cinq avocats. Le règne des avocats commence.

Pendant les élections s'étaient manifestés dans toute l'Auvergne les signes avant-coureurs des catastrophes qui éclatèrent peu de temps après. Dès les premiers jours, le clairvoyant Malouët les prévoit et en est épouvanté. « L'Assemblée d'Election de Riom, dit-il, ne fut pas la plus orageuse, mais elle le fut assez pour vérifier toutes mes conjectures et me donner un véritable regret d'y être venu et d'avoir obtenu la députation. Je fus au moment de donner ma démission, quand je vis de petits bourgeois, des praticiens, des avocats, sans aucune instruction sur les affaires publiques, citant le *Contrat social*, déclamant avec véhémence contre la tyrannie, contre les abus, et proposant chacun sa constitution. Je me représentai tout ce que pouvaient produire de désastreux, sur un plus grand théâtre, de telles extravagances, et je vins à Paris fort mécontent de moi, de mes concitoyens et des ministres qui nous précipitaient dans cet abîme (1). »

Les élections étant achevées dans les trois grands bailliages d'Auvergne, les députés nommés se disposèrent à partir pour Versailles où devaient s'ouvrir au commencement de mai 1789 les Etats-Généraux.

(1) *Mémoires de Malouët*, t. I, page 278.

Les députés d'Auvergne étaient au nombre de trente-six, dont neuf du clergé, neuf de la noblesse, et dix-huit du Tiers. Dans les neuf du clergé, on comptait deux évêques, un chanoine et six curés. Dans les dix-huit du Tiers, il y avait deux lieutenants-généraux, un procureur du roi, deux négociants, un intendant de marine et douze avocats.

Les plus célèbres des députés d'Auvergne furent l'évêque de Clermont, l'évêque de Saint-Flour, Malouët, de Lafayette, de Laqueuille, l'abbé Mathias, Dufraisse de Cheix, Gaultier de Biauzat, de Rochebrune, Hébrard, Gerle ; nous avons parlé et nous parlerons encore des deux premiers. Disons un mot des autres :

Pierre-Victor Malouët naquit à Riom en 1740, fit ses études chez les Oratoriens et entra dans l'administration maritime. Il était Intendant de marine quand il fut nommé député aux Etats Généraux. « Malouët était du nombre de ceux qui pensaient que l'heure des réformes était venue et qu'il n'était au pouvoir de personne de différer ; mais ce qui est le caractère propre de son rôle parmi ses contemporains et ce qui a marqué sa place dans l'histoire, c'est la volonté inébranlable de ne point séparer la cause de la liberté de la monarchie, de les unir en les contenant l'une par l'autre, et de chercher dans cette union une double garantie pour le gouvernement appelé à régir dans une forme nouvelle les destinées de la France (1). »

Libéral mais monarchiste, Malouët donna toujours et partout des preuves nombreuses de son attachement à la royauté; forcé d'émigrer en 1792, il se retira à Londres; il rentra en France en 1801, fut fait commissaire général de la marine en 1803, puis bientôt préfet maritime à Anvers. En 1810, Napoléon l'appela au Conseil d'Etat, mais sa franchise ayant déplu à l'Empereur, il fut obligé de se retirer en Touraine où le trouva le retour des Bourbons; le roi lui confia le portefeuille de la marine qu'il ne garda que quelques mois, étant mort la même année 1814, le 6 septembre, ne laissant à ses enfants que l'héritage de son nom et l'exemple de ses vertus.

Marie-Paul-Gilbert Motier, marquis de Lafayette, naquit en 1757, à Chavagnac, en Basse-Auvergne. Tête ardente, passionné pour la liberté, il partit en 1777 pour l'Amérique, où il combattit plusieurs années pour l'indépendance des Etats-Unis soulevés contre l'Angleterre. Rentré en France avec les mêmes idées d'indépendance, il fut un des premiers à demander la convocation des Etats-Généraux; il se fit remarquer à l'Assemblée nationale par la hardiesse de ses opinions révolutionnaires et joua un rôle plus ou moins correct. Il mourut à Paris en 1834, après avoir été l'homme de toutes les révolutions.

(1) *Mémoires de Malouët;* préface, p. VII.

Jean-Claude-Marie de Laqueuille, marquis de Châteaugay, près de Riom, naquit en 1742 à Châteaugay, devint successivement mousquetaire, capitaine de cavalerie, colonel aux grenadiers de France, colonel du régiment provincial à Clermont et, en 1788, maréchal de camp; nous l'avons rencontré dans les Assemblées d'élections et à l'Assemblée provinciale. C'était un homme de progrès, un réformateur, mais non un destructeur. Il émigra, rentra après la Révolution et mourut à Paris en 1810.

Antoine Mathias, né à Bourbon, près d'Issoire, en 1753, fait prêtre en 1776, fut nommé peu après curé d'Eglise-Neuve, près de Besse, dans les montagnes du Mont-Dore. « Il fit preuve, dit Mège, de qualités rares d'administrateur et se montra par son instruction et son intelligence digne d'être appelé à représenter le clergé. » Nous le retrouverons à l'Assemblée, adversaire de la démagogie et, en Suisse, confesseur de la foi.

Amable-Gilbert Dufraisse, seigneur du Cheix, naquit à Riom en 1756; conseiller du roi, lieutenant-général de la Sénéchaussée de Riom, député aux Etats-Généraux, il se fit remarquer par l'impétuosité de son caractère, prit souvent la parole et défendit toujours la cause de la religion et de la monarchie. Il émigra, rentra en France, et mourut à Riom, en 1807.

Jean-François Gaultier de Biauzat, né à Vodable, près d'Issoire, en 1739, était avocat à Clermont quand il fut nommé député aux Etats-Généraux. Il se fit remarquer à la Constituante par des motions radicales, par son mauvais caractère et son jacobinisme ardent. Pendant et après la Révolution il exerça les fonctions de juge à Clermont, à Paris, au tribunal de cassation et à la cour d'appel. Il mourut en 1815.

Brugier de Rochebrune était seigneur du fief de Rochebrune dont le château existe encore dans la commune d'Oradour, canton de Pierrefort, arrondissement de Saint-Flour. Ce député, remarquable par la noblesse de son caractère et sa fidélité au roi, parla plusieurs fois à l'Assemblée nationale avec un tel accent de conviction et une telle hardiesse, qu'il excita les applaudissements de la droite et les murmures de la gauche. Il mourut dans l'émigration, victime de son devoir et de sa fidélité.

Hébrard fut tout autre ; c'était un avocat d'Aurillac, il suivit ses confrères dans le chemin de la démagogie la plus radicale, il se fit remarquer à l'Assemblée nationale par ses motions violentes et ses discours emportés. Rentré en Auvergne, il devint un des chefs du *coquinisme*, la terreur du pays, fut traduit au tribunal révolutionnaire de Clermont et mourut abhorré de ses concitoyens. Nous le verrons à l'œuvre.

Christophe-Antoine Gerle naquit à Riom en 1736,

d'une famille bourgeoise ; intelligent et pieux, il entra jeune dans l'ordre des Chartreux où il se fit remarquer par sa soumission, ce qui lui valut après plusieurs changements de résidence, l'honneur d'être élevé en 1773 à la charge de syndic de la Chartreuse Sainte-Marie, près Pontgibaud, Basse-Auvergne, et peu de temps après à la dignité de Prieur dans le même couvent. Nommé député suppléant aux Etats-généraux, il remplaça M. de La Bastide, curé de Pauliaguet, démissionnaire en décembre 1789.

Dom Gerle parla souvent à l'Assemblée nationale, s'exalta, perdit la tête, donna dans le travers et mourut misérablement vers l'an 1805.

Les autres députés d'Auvergne parlèrent peu aux Etats-Généraux et, par conséquent, ils furent moins remarqués et obtinrent une célébrité moindre. Nous les retrouverons au reste les uns et les autres dans le cours du récit.

CHAPITRE XIII

CAHIERS DES DOLÉANCES.

Le suffrage universel à deux degrés avait été appliqué librement; librement aussi les habitants d'Auvergne purent manifester leurs vœux et leurs désirs, demander des réformes et formuler leurs plaintes. Les cahiers des doléances en font foi. Dans ces cahiers, chaque ordre demande ce qu'il croit utile au bien public, donne à ses députés le pouvoir de proposer, de demander tout ce qui concerne le bien de l'Etat et leur impose le devoir de soutenir les intérêts de la province, de faire prévaloir les vues des habitants et de défendre les principes énoncés dans les cahiers.

Voici au reste les principaux points contenus dans ces documents.

Doléances du clergé de la Sénéchaussée de Riom.

— Nos députés demanderont que la religion catholique jouisse seule de l'exercice du culte public;

— Que les lois les plus sévères soient portées contre la liberté de la presse ;

— Que le serment ne soit jamais exigé dans les affaires criminelles de l'accusé contre lui-même ;

— Que l'enseignement soit répandu et confié autant qu'il sera possible aux corps religieux ;

— Que l'Université soit réformée et que les grades ne soient accordés qu'au mérite ;

— Que les communautés séculières et régulières soient conservées, les conciles provinciaux rétablis, que les trois ordres soient maintenus, la forme monarchique reconnue inattaquable ;

— Que l'évêque soit autorisé à nommer aux bénéfices dont les patrons sont non catholiques ;

— Que les canons contre la pluralité des bénéfices soient exécutés ; le sort des curés amélioré ;

— Que dans chaque diocèse il y ait des fonds affectés aux besoins des prêtres infirmes ou en retraite ;

— Que les impôts soient simplifiés et diminués et les droits nuisibles au commerce, à l'agriculture, abolis ;

— Que les Etats-Généraux reconnaissent que la dette du clergé devient celle de l'Etat, dès lors que le clergé renonce à ses privilèges pécuniaires ;

— Que les Etats provinciaux soient rendus à l'Auvergne ;

— Qu'il soit établi dans la province une Cour souveraine de justice ou Parlement ;

— Qu'il soit formé de nouveaux arrondissements dans chacun desquels une justice royale sera établie ;

— Qu'on établisse dans chaque paroisse un tribunal de paix, un bureau de charité, une sage-femme instruite, et dans chaque arrondissement un chirurgien habile.

— Nous chargeons nos députés de déposer aux pieds du trône nos hommages et nos vœux. Ils consentiront d'après ces instructions et suivant leurs lumières et leur conscience à tout ce qu'ils jugeront utile, bon et nécessaire pour la gloire de la religion, la splendeur du trône, les véritables intérêts de la nation et la félicité publique.

Doléances de la noblesse de Riom.

Dans ces instructions, la noblesse déclare que ses principes sont :

1° L'assemblée des représentants de la nation française formant les Etats-Généraux, est la seule puissance compétente pour établir les impôts et faire les lois avec la sanction du roi. En conséquence, nous demandons le retour périodique des Etats-Généraux et le rétablissement des Etats-Provinciaux.

2° Tous les citoyens français doivent être également soumis aux lois et protégés par elles.

3° Le pouvoir législatif ne devant être exercé que par les représentants de la nation avec la sanction du roi, le gouvernement ni aucune cour judiciaire ne peuvent promulguer ni consentir, même provisoirement, les lois que la nation n'aurait pas faites, ni différer la publication et l'exécution des lois nationales.

4° Le pouvoir exécutif doit être exercé par le roi dont la personne est sacrée, mais dont les représentants individuels ou collectifs, ministres, commandants, gouverneurs et autres sont responsables et comptables à la nation de tous leurs pouvoirs et peuvent être dénoncés à ses représentants et soumis par les dits représentants au jugement d'un tribunal pour les abus dont ils se sont rendus coupables.

5° Aucun agent de l'administration ne peut prononcer en jugement.

6° Le roi ne peut départir à ses officiers aucun pouvoir qui ne soit prévu et défini par la loi.

7° Il ne doit y avoir aucune commission des États-Généraux qui puisse exercer même provisoirement, aucun acte d'administration, ni aucune portion du pouvoir législatif en matière de lois et d'impôts, lequel appartient exclusivement à l'Assemblée générale de tous les représentants de la nation.

8° La liberté des opinions faisant partie de la liberté de la presse doit être accordée, sauf les précautions qui seront prises par les États-Généraux. Tels sont, ajoute la noblesse, les droits qu'il est expressement enjoint aux députés de faire sanctionner avant de s'occuper de toutes autres occupations, sur lesquelles voici nos instructions :

— Code national unique, — voté par ordre et non par tête ;

— Egalité de l'impôt pour tous, la noblesse se réservant seulement *le Vol du chapon* ;

— Suppression des aides, gabelles et douanes intérieures ;

— Modération des droits du fisc, — suppression des jurandes, de la vénalité des charges, des emplois inutiles ;

— Les plus hauts traitements ne doivent pas dépasser vingt mille livres ;

— Création d'un Parlement pour l'Auvergne ;

— Inamovibilité des juges, — choix des officiers municipaux rendus aux villes ;

— Abolition des Intendances, l'administration étant mieux exercée par les Etats-Provinciaux ;

— Encouragements donnés au commerce, à l'agriculture, etc. ;

— Interdiction de la mendicité ;

— Maintien des prérogatives des trois Ordres ;

— Suppression des prisons d'Etat ;

— Autorisation du prêt à intérêt ;

— Création d'une école militaire, surtout pour la noblesse pauvre ;

— Répression de l'abus des anoblissements.

— Prière aux Etats-Généraux de prendre en considération le sort des cinq maisons religieuses de cette province : Laveine, Blesle, Lavaudieu, les Charzes et Courpières.

Doléances et instructions du Tiers-Etat de Riom (1).

Il demande :
— La tenue tous les trois ans des Etats-Généraux pour consentir les lois et les impôts ;
— L'égalité de l'impôt ;
— La vote par tête ;
— La liberté de la presse ;
— Le rétablissement des Etats-Provinciaux et la suppression de l'Intendance ;
— L'abolition de la vénalité des charges ;
— L'inamovibilité de la magistrature ;
— La responsabilité des ministres ;
— L'établissement en Auvergne d'un Parlement ou Cour en dernier ressort ;
— La suppression des tribunaux d'exception ;
— L'abolition de la mendicité ;
— Un code unique. Amélioration de l'éducation ;

(1) Ces doléances se trouvent en entier dans les *Mémoires de Malouet*, t. I, p. 263.

— L'augmentation par les titulaires du traitement des curés et des vicaires ;

— La conservation des prérogatives des deux premiers Ordres ;

— La réduction des droits du fisc ;

— La suppression des douanes intérieures, des leydes, des péages, des aides, des gabelles, des jurandes, etc. ;

— L'établissement dans chaque paroisse d'un bureau de conciliation composé du curé, du syndic et de deux notables, pour les affaires de peu d'importance, etc.

Doléances de la Sénéchaussée de Clermont.

CLERGÉ

Il demande :

— Le maintien de la religion catholique seule en France ;

— La répression des incrédules et de la presse ;

— La liberté de tenir périodiquement les conciles provinciaux ;

— L'abolition de la pluralité des bénéfices ;

— L'amélioration du sort des curés à portion congrue ;

— La conservation et la régénération des ordres religieux ;

— La création de nouvelles écoles ;

— La réforme des universités ;

— Un seul code civil et criminel pour toute la France ;

— Abolition du serment demandé aux accusés ;

— L'érection dans la Province d'une Cour souveraine ;

— La suppression des jurandes, gabelles, aides, des douanes intérieures, de la mendicité, etc. ;

— Le maintien des ordonnances permettant aux curés de recevoir les testaments ;

— La tenue périodique des Etats-Généraux ;

— Le rétablissement des Etats-Provinciaux, etc.

NOBLESSE

Elle demande :

— Respect à la constitution actuelle ;

— Tenue des Etats-Généraux tous les trois ans ;

— Rétablissement des Etats d'Auvergne ;

— Suppression des lettres de cachet ;

— Responsabilité des ministres ;

— Liberté de la presse avec garanties ;

— Code unique ;

— Cour souveraine établie à Clermont ;

— Nomination des officiers municipaux par les trois ordres réunis;

— Suppression des charges qui confèrent la noblesse;

— Maintien des prérogatives des deux premiers ordres;

— Défense de porter les armes à ceux qui ne sont pas nobles ou militaires;

— Égalité de tous devant l'impôt;

— Barrières reculées aux frontières;

— Suppression des marques sur les toiles et sur les cuirs;

— Augmentation des portions congrues;

— Communautés régulières appliquées à l'enseignement, etc.

TIERS-ETAT

— Il demande la tenue des Etats-Généraux tous les trois ans;

— Le rétablissement des Etats-Provinciaux d'Auvergne;

— La suppression des lettres de cachet;

— La liberté de la presse avec la responsabilité de l'auteur;

— La responsabilité des ministres;

— L'uniformité et égalité de l'impôt;

— Le reculement des douanes à la frontière ;
— La suppression des marques sur les toiles et les cuirs, de la gabelle, etc. ;
— Un code unique ;
— L'établissement d'une Cour souveraine à Clermont ;
— La défense de supprimer aucune communauté régulière ou séculière sans la décision des États-Généraux ;
— Amélioration de l'instruction publique ;
— L'augmentation des portions congrues ;
— L'unité de poids et mesures ;
— L'abolition des banalités, aides, péages, etc.

Je n'ai point les cahiers de Saint-Flour. Je ne puis donc pas dire ce qu'ils contiennent précisément, mais on peut présumer qu'ils demandent les mêmes réformes que ceux de Riom et de Clermont, qu'ils émettent les mêmes principes, les mêmes vœux. A cette époque, les idées étaient les mêmes partout, car partout étaient les mêmes abus, les mêmes besoins. Ces idées du temps, nous les trouvons exprimées dans les cahiers des doléances que nous avons et aussi dans les autres documents de l'époque. Ils sont tous unanimes à demander la tenue périodique des États-Généraux, l'établissement du pouvoir constitutionnel en place du pouvoir absolu, le rétablissement des Etats-Provinciaux, la réforme judiciaire par la création d'un Parlement par province, le maintien des trois Ordres, même avec le vote par tête, l'égalité de tous devant la loi, la création d'un impôt unique réparti entre toutes les classes et tous les individus indistinctement ; un même Code civil et criminel, l'admission de tous les hommes de mérite aux hautes dignités civiles, ecclésiastiques et militaires, la suppression des douanes intérieures, des péages, des gabelles, des banalités, etc. ; la liberté de la presse avec des lois restrictives, etc... Partout se trouve l'expression du plus grand respect pour le régime monarchique, la religion, la famille royale. « Ce qui frappe tout d'abord, dit Daniel lui-même, dans ces curieux documents, soit qu'ils émanent du Tiers-Etat, soit qu'ils exposent les opinions de la noblesse et du clergé, c'est l'expression passionnée du sentiment monarchique, de l'amour, de la reconnaissance pour leur roi, restaurateur, disent-ils, des libertés publiques, roi citoyen, père du peuple. On y retrouve, dans son expansion la plus ardente, ce vieil attachement de la France pour la royauté, qui même à ce moment, quoique ébranlée dans bien des âmes, survit aux déceptions et reste le sentiment dominant.

Malheureusement, ces élans du cœur vers le roi, vers la royauté, vrais alors, vont bientôt, à moins de deux ans de distance, sous l'influence de résistances maladroites, ou de malentendus, se transformer en défiances, en haines, en colères et jeter la Révolution si belle, si pure à son début, dans les sanglantes hétacombes de la Convention (1). »

« Je viens, dit Mgr Freppel, de relire attentivement les cahiers dans lesquels clergé, noblesse et Tiers-Etat avaient déposé l'expression libre et sincère de leurs vœux et de leurs sentiments ; car il n'y eut jamais d'élections plus libres que celles de 1789. Tout le monde est d'accord pour conserver les bases fondamentales de la société française ; le gouvernement monarchique, l'inviolabilité de la personne sacrée du roi et l'hérédité de la couronne, la religion catholique dominante, etc. Rien de tout cela n'est mis en question dans aucun cahier, et le Tiers-Etat ne se montre pas le moins enthousiaste lorsqu'il s'agit de témoigner son attachement à la royauté. C'est donc un fait absolument avéré, un fait hors de tout conteste, que l'idée d'une révolution radicale est totalement absente de ces cahiers préparés par l'élite intellectuelle de la nation, écrits par les commissaires élus de chaque assemblée plébéienne, noble, ecclésiastique, discutés, comparés et enfin approuvés par la masse des électeurs. Comme le disait Mounier, on

(1) *Les Préliminaires de la Révolution*, p. 64.

voulait détruire les abus et non renverser le trône; on voulait opérer des réformes et non faire une révolution... Pour opérer ces réformes, il n'était pas nécessaire d'ouvrir une tragédie sanglante de dix ans, suivie depuis lors de bouleversements périodiques, sans autre profit que de remettre en question, tous les quinze ou dix-huit ans, la fortune de la France (1). »

(1) *La Révolution Française.*

PIÈCES JUSTIFICATIVES

N° 1

RÈGLEMENT FAIT PAR LE ROI POUR L'EXÉCUTION DES LETTRES DE CONVOCATION AUX ÉTATS-GÉNÉRAUX DANS LA PROVINCE D'AUVERGNE, DU 15 FÉVRIER 1789.

Par le règlement du 24 janvier dernier, le roi a conservé aux bailliages et sénéchaussées de ses Provinces d'Election, la possession dans laquelle ils étaient de concourir dans l'étendue de leur ressort, à la convocation aux Etats-Généraux. Des formes consacrées par le temps offraient le précieux avantage d'assurer une marche uniforme, une représentation universelle et une liberté entière. Mais Sa Majesté ne s'est pas dissimulé que l'exécution d'une loi générale pourrait rencontrer des difficultés locales, auxquelles il serait nécessaire de pourvoir ; sa province d'Auvergne, entre autres, en présente un assez grand nombre pour mériter son attention. La Haute-

Auvergne renferme un bailliage entier secondaire du sénéchal d'Auvergne, séant à Riom; elle renferme encore un assez grand nombre de communautés et paroisses qui sont du ressort immédiat des sénéchaussées de Riom et de Clermont. Plusieurs autres communautés et paroisses sont pour une partie du ressort du bailliage de la Haute-Auvergne et pour une autre partie de la sénéchaussée de Riom. Les distances pour se rendre à Riom ou à Clermont de toutes les parties de la Haute-Auvergne qui dépendent de ces deux sénéchaussées, sont souvent de vingt à vingt-cinq lieues, par des chemins difficiles, dont les communications ne sont pas toujours praticables.

Des motifs aussi importants sollicitent une exception; et Sa Majesté s'y porte d'autant plus volontiers, qu'elle peut concilier aisément les droits de tous les tribunaux de l'Auvergne, avec l'intérêt particulier de tous les sujets de leur ressort. En conséquence, Sa Majesté a ordonné et ordonne ce qui suit :

Art. Ier. — La convocation des trois Ordres des sénéchaussées et bailliages de la Province d'Auvergne sera faite dans les formes prescrites par le règlement du 24 janvier dernier, par les sénéchaux et baillis de ladite province, dans toutes les villes, bourgs, villages et communautés, dans l'étendue desquels ils ont la connaissance des cas royaux...

Art. II. — En vertu et en exécution des dites convocations, tous les justiciables des trois Ordres domiciliés dans la Basse-Auvergne, se rendront à celle des sénéchaussées de Riom ou de Clermont, dont ils ressortissent pour la connaissance des cas royaux.

Art. III. — Tous les justiciables des sénéchaussées de Riom et de Clermont, domicilées dans la Haute-Auvergne, seront tenus de se rendre, en vertu des dites convocations, et sans qu'il en soit besoin d'autres, à Saint-Flour, aux jour et heure qui auront été indiqués par le bailli de la Haute-Auvergne ; savoir à l'Asssemblée préliminaire, tous les députés des communautés, et à l'assemblée générale, tous les ecclésiastiques qui, aux termes du règlement du 24 janvier, auront droit ; tous les nobles, ensemble le quart des députés qui auront été choisis dans la dite assemblée préliminaire.

Art. IV. — Les députés qui auront été nommés dans l'assemblée préliminaire du bailliage de Salers, seront également tenus de se rendre à ladite Assemblée générale de Saint-Flour, pour y procéder à la réunion des cahiers en un seul, et à l'élection des députés aux Etats-Généraux.

Art. V. — A raison de l'augmentation du nombre dans les trois ordres qui comparaitront à la dite Assemblée générale, et principalement à raison des contributions de la Haute-Auvergne, il y sera procédé à l'élection de douze députés aux Etats-Généraux; savoir, trois de l'ordre du Clergé, trois de l'ordre de la Noblesse, et six du Tiers-Etat.

Art. VI. — Ordonne Sa Majesté que des dispositions du présent règlement il ne pourra résulter aucune attribution de droit ni de juridiction, au bailli de la Haute-Auvergne, sur aucuns des justiciables des sénéchaussées de Riom et de Clermont, et qu'il ne pourra en être induit aucune diminution ni distraction de ressort pour aucun autre cas; n'attribuant Sa Majesté au bailli de la Haute-Auvergne, que pour cette circonstance seulement, le droit de procéder aux actes subséquens à la convocation, de la même manière qu'y auraient procédé les sénéchaux de Riom et de Clermont à l'égard de tous les sujets de la Haute-Auvergne soumis à leur juridiction.

Art. VII. — Ordonne Sa Majesté que le présent règlement sera envoyé au gouverneur de la Province d'Auvergne, et adressé au sénéchal d'Auvergne séant à Riom, au sénéchal de Clermont et au bailli de la Haute-Auvergne, séant à Aurillac et à Saint-Flour, pour en être par eux adressé des copies collationnées aux sénéchaussées et bailliages secondaires, publié et affiché dans toute l'étendue de leur ressort. Que les officiers de toutes les communautés du ressort des juridictions de Riom, Clermont et Salers, seront avertis par lettres circulaires du bailli de la Haute-Auvergne, ou de son lieutenant, portant l'indication de jours et heures où se tiendront l'Assemblée préliminaire et l'assemblée générale du bailliage de la Haute-Auvergne à Saint-Flour, lesquelles lettres seront affichées, par les ordres des dits officiers à la porte des églises paroissiales de chacune des dites communautés afin que personne n'en puisse prétendre cause d'ignorance.

Fait et arrêté par le roi, étant en son conseil, tenu à Versailles, le quinze février mil sept cent quatre-vingt-neuf.

Signé : LOUIS.

Et plus bas :

Laurent DE VILLEDEUIL.

N° 2.

BAILLAGE ROYAL DES MONTAGNES D'AUVERGNE A SALERS — ORDONNANCE DE M. LE LIEUTENANT GÉNÉRAL AU BAILLIAGE ROYAL DE SALERS.

A tous ceux qui ces présentes lettres verront, salut ; savoir faisons que ce jourd'hui 23 février 1789, l'audience du bailliage des montagnes d'Auvergne, établi par le roi en la ville de Salers, tenant, le procureur du roi du dit bailliage a dit qu'en convoquant les Etats-Généraux du royaume, le roi a fait connaître jusqu'à quel point sa bonté paternelle est occupée du bonheur de ses peuples ; que cette Assemblée produira sans doute l'ordre public et la prospérité générale, et que c'est avec les sentiments de la soumission et de la reconnaissance qu'il requiert que les lettres du roi du 24 janvier 1789, pour la convocation des Etats-Généraux du royaume, et le règlement y annexé, seront lues, publiées présentement et enregistrées au greffe du dit bailliage, pour être exécutées selon leur forme et teneur, publiées à son de trompe et cri public dans tous les carrefours et lieux accoutumés, imprimées, publiées et affichées, ainsi que l'ordonnance qui interviendra, dans toutes les villes, bourgs, villages et communautés de ce ressort, pour y être exécutées à la diligence, suivant leur forme et teneur; sur quoi, nous, Antoine Lescurier de Lavergne, seigneur d'Espérières, Peupany et autres lieux, conseiller du roi, lieutenant général civil et criminel au dit bailliage, faisant droit sur le réquisitoire du procureur du roi, ordonnons que les lettres de Sa Majesté du 24 janvier 1789, signées Louis, et plus bas Laurent de Villedeuil, scellées du cachet de cire rouge, pour la convocation et assemblées des États-Généraux du royaume, ensemble le règlement y annexé, dont copies duement collationnées, signées par Chafuiag, greffier de la sénéchaussée d'Auvergne, nous ont été remises par Croizier, greffier de la dite sénéchaussée en exécution des ordres de Sa Majesté, et de l'ordonnance de M. le sénéchal d'Auvergne, datée du 14 du présent mois, seront lues, publiées présentement, l'audience tenant et enregistrées en notre greffe pour être exécutées suivant leur forme et teneur, publiées à son de trompe et cri public dans tous les carrefours, lieux accoutumés, imprimées, publiées et affichées, ainsi que notre présente ordonnance, dans toutes les villes, bourgs, villages et communautés de notre ressort pour y être exécutées suivant leur forme et teneur, à la diligence du procureur du roi; en conséquence ordonnons que tous ceux qui ont ou qui auront le droit de se trouver à l'Assemblée générale des trois Etats, qui sera tenu par M. le bailli de la Haute-Auvergne, ou en son absence par son lieutenant général en la ville de Saint-Flour, le 22 mars prochain, à huit heures du matin, seront tenus de s'y rendre, munis de leurs titres et pouvoirs, et qu'il sera procédé à la dite convocation dans l'étendue de notre bailliage en la forme qui suit :

1° Qu'à la requête du procureur du roi, les abbés séculiers ou réguliers, les chapitres, corps et communautés, ecclésiastiques rentés, réguliers, ou séculiers des deux sexes, les prieurs, les curés, les commandeurs, et généralement tous les bénéficiers; que tous les ducs, pairs, marquis, comtes, barons, châtelains, et généralement tous les nobles possédant fiefs dans l'étendue de notre bailliage, seront incessamment assignés par un huissier royal au principal manoir de leurs bénéfices et fiefs, pour comparaître, savoir: les chapitres, corps et communautés ecclésiastiques, par des députés de l'ordre du clergé dans la proportion déterminée par les articles 10 et 11 du règlement de Sa Majesté, et tous les bénéficiers, ainsi que tous les nobles possesseurs de fiefs, en personne ou par procureur de leur ordre, à ladite assemblée générale, qui sera tenue dans ladite ville de Saint-Flour, ainsi qu'il est dit ci-dessus, le 22 mars prochain.

2° Que tous les curés de notre ressort seront tenus de se faire représenter par procureurs fondés de leur ordre, à moins qu'ils n'aient un vicaire ou desservant; nous défendons de s'absenter pendant le temps nécessaire auxdits curés pour se rendre à ladite Assemblée, y assister et retourner à leurs paroisse.

3° Que tous les ecclésiastiques engagés dans les ordres, et tous les nobles non possédant fiefs, ayant la noblesse acquise et transmissible, âgés de vingt-cinq ans, nés Français ou naturalisés et domiciliés dans notre ressort, suffisamment avertis par les publications, affiches et cri public, seront également tenus de se rendre en personne et non par procureurs à ladite assemblée, aux mêmes jour et heure, sauf et excepté les ecclésiastiques résidents dans les villes de notre ressort, lesquels seront tenus de se réunir chez le curé de la paroisse dans laquelle ils sont habitués ou domiciliés, au jour qu'il leur indiquera pour y élire un ou plusieurs d'entr'eux, conformément à l'article 15 du règlement de Sa Majesté.

4° Qu'à la diligence dudit procureur du roi, les maires, échevins, syndics, consuls et autres officiers municipaux des villes, bourgs, villages et communautés situés dans l'étendue de notre ressort, pour la connaissance des cas royaux, seront incessamment sommées par un huissier royal en la personne de leurs greffiers, syndics, fabriciens, préposés ou autres représentants, de faire lire et publier au prône de la messe paroissiale, et aussi à la porte de l'église après ladite messe, au premier jour de dimanche qui suivra ladite notification, la lettre du roi, le règlement y joint, et notre présente ordonnance, dont un imprimé sur papier libre collationné et certifié par notre greffier sera joint à ladite notification; il sera de plus remis par l'huissier autant d'imprimés qu'il y aura de paroisses dans chaque ville, bourg, village ou communauté.

5° Qu'au jour le plus prochain et au plus tard, huit jours après lesdites publications, tous les habitants du Tiers-État desdites villes, bourgs, paroisses et communautés de campagne, nés français et naturalisés, et compris aux rôles des impositions, seront tenus de s'assembler au lieu accoutumé, ou à celui qui aura été indiqué par les officiers municipaux, et sans le ministère d'aucun huissier, à l'effet, par eux de procéder d'abord à la rédaction du cahier des plaintes, doléances, et remontrances que lesdites villes, bourgs et communautés entendent faire à Sa Majesté, et présenter les moyens de pourvoir et survenir aux besoins de l'État, ainsi qu'à tout ce qui peut intéresser la prospérité du royaume et celle de tous et de chacun des sujets de Sa Majesté; ensuite de procéder à haute voix à la nomination des députés dans le nombre déterminé par l'article 31 du règlement, lesquels seront choisis entre les plus notables habitants qui seront chargés de porter ledit cahier à l'assemblée des députés du Tiers-État de ce bailliage, que nous tiendrons le 16 mars prochain.

6° Que les certifications des publications ci-dessus ordonnées, seront relatées dans le procès-verbal qui sera dressé de l'assemblée qui aura eu lieu pour la rédaction des cahiers et la nomination desdits députés; que ledit procès-verbal signé par l'officier public, qui aura tenu l'assemblée, et par son greffier, sera dressé en double minute, dont une sera déposée dans le greffe de la communauté, et l'autre remise aux députés en même temps que le cahier, pour constater le pouvoir desdits députés, lesquels seront tenus de se rendre et de porter le cahier qui leur a été remis à ladite assemblée particulière et préliminaire ci-dessus ordonnée.

7° Que lesdits députés, munis dudit procès-verbal et dudit cahier, seront tenus de se rendre à notre Assemblée du Tiers-État de ce bailliage, le

16 mars prochain, à huit heures du matin, dans laquelle assemblée, après avoir donné acte aux comparants de leur comparution, et défaut contre les non comparans, nous procéderons à la vérification des pouvoirs des députés, et ensuite à la réception dans la forme accoutumée du serment qu'ils seront tenus de prêter, de procéder fidèlement en notre présence d'abord ou par eux tous, ou par les commissaires qu'ils auront nommés, à la réunion en un seul cahier de tous les cahiers particuliers qu'auront apportés lesdits députés, ensuite à la nomination qui sera faite à haute voix du quart d'entr'eux pour assister à l'Assemblée générale des trois Etats, qui se tiendra dans ladite ville de Saint-Flour le 22 mars 1789, de les y représenter et y apporter le cahier de notre bailliage.

8° Qu'il sera par nous dressé procès-verbal de tous lesdits actes, ensemble des instructions qui seront données auxdits députés pour conférer à ceux qui seront élus à l'Assemblée générale pour les Etats-Généraux, des pouvoirs généraux, et suffisant pour procéder, remontrer, aviser et consentir tout ce qui peut concerner les besoins de l'Etat, la réforme des abus, l'établissement d'un ordre fixe et durable dans toutes les parties de l'administration, la prospérité générale du royaume, et le bien de tous et chacun des sujets du roi.

Et dudit procès-verbal qui restera déposé en notre greffe, il sera donné copie dûment collationnée auxdits députés, avec le cahier du Tiers-Etat de ce bailliage, pour les porter à l'Assemblée générale ou ils seront tenus de se rendre le 22 mars 1789, et sera notre présente ordonnance exécutée nonobstant appel et opposition. Fait et ordonné judiciairement en l'audience dudit bailliage, par ledit sieur Lescurier, lieutenant-général audit bailliage, qui a signé sur ce registre avec ledit procureur du roi, et nous greffier soussigné ledit jour, 23 février 1789.

Mandons au premier huissier ou sergent royal, sur ce requis, ces présentes mettre à exécution, suivant leur forme et teneur ; de ce faire vous donnons pouvoir. Collationné et certifié véritable par nous Raymond Basset, greffier en chef au bailliage royal de Salers.

F. BASSET.

FIN DU PREMIER VOLUME.

TABLE DES MATIÈRES

Préface 1
Chapitre Ier. — Etat de l'Auvergne avant la Révolution. — Ses villes. — Sa population. — Les trois Ordres : clergé, noblesse, Tiers-Etat 1
Chapitre II. — Mœurs des habitants de l'Auvergne avant la Révolution. 19
Chapitre III. — Administration civile, militaire et judiciaire de l'Auvergne 32
Chapitre IV. — Abus et réformes. — Assemblées municipales. — Assemblées d'élection. 41
Chapitre V. — Assemblée provinciale. — Ses premières séances. — Divers impôts. — Fonds accordés par le roi à la Province d'Auvergne. — Etat des routes de la Province 66
Chapitre VI. — Assemblée provinciale (*suite*). — Travaux des quatre bureaux. — Clôture

de l'Assemblée. — Commissions intermédiaires. 92

Chapitre VII. — Convocation des États-Généraux. — Elections des délégués. — Assemblées primaires, bailliagères et générales. — Intrigues électorales 106

Chapitre VIII. — Assemblée générale des trois Ordres de la Sénéchaussée de Riom pour l'élection des députés aux Etats-Généraux. 121

Chapitre IX. — Assemblée du clergé de Riom. — Election de ses députés. — Assemblée de la noblesse de Riom. — Ses députés. 136

Chapitre X. — Assemblée du Tiers-Etat de Riom. — Election de ses députés. — Sa clôture 150

Chapitre XI. — Assemblée de la Sénéchaussée de Clermont. — Election des députés de cette Sénéchaussée aux Etats-Généraux. . . 167

Chapitre XII. — Assemblée du bailliage de Saint-Flour. — Election des députés de la Haute-Auvergne. — Aperçu général sur les 36 députés d'Auvergne. 173

Chapitre XIII. — Cahiers des doléances. . . . 182

Pièces justificatives N° 1. — Règlement fait par le roi pour l'exécution des lettres de convocation aux Etats-Généraux dans la Province d'Auvergne, du 15 février 1789. . . . 195

N° 2. — Bailliage royal des montagnes d'Auvergne à Salers. — Ordonnance de M. le lieutenant-général au bailliage royal de Salers 200

www.ingramcontent.com/pod-product-compliance
Lightning Source LLC
Chambersburg PA
CBHW071945160426
43198CB00011B/1545